本书系浙江外国语学院博达科研提升专项计划
"中国企业海外技术并购研究——基于技术联系性与技术整合视角"
（BD2019C8）课题研究成果

浙江外国语学院博达丛书

境外并购的
技术联系性
与技术整合

Technological Relatedness
and Integration of M & A
outside Chinese Mainland

严 焰——著

社会科学文献出版社
SOCIAL SCIENCES ACADEMIC PRESS (CHINA)

目 录

图表目录

| 第一章 |

导　论

一　研究背景与问题提出

（一）现实背景

随着经济全球化的快速发展与竞争日益激烈，技术的发展与更迭以前所未有的速度推进，企业已经不可能在组织内部独自创造生存和可持续性创新所需要的知识和能力了，越来越强调超越企业边界探索外部环境、市场机会和知识资源。也就是说，企业需要利用各种各样的协作战略，如许可证、联盟、合资以及并购（Mergers and Acquisitions，M&A）等来获取外部资源、引进知识。在这些形式各异的协作战略中，境外并购尤其是技术获取型境外并购，已经成为企业参与国际竞争，获取外部知识与技术资源，拓展企业技术范围的重要途径，也成为企业内部研发的重要补充。技术并购能够帮助企业打破进入壁垒，快速获得先进的技术，扩大自身的知识储备，促进组织学习并实现潜在的协同效应（Capron & Hulland，1999；Zollo & Singh，2004），提升自身的技术创新能力，获取竞争优势，以更好地应对竞争、成本、技术更新和复杂性等一系列问题。

作为新的国际竞争者，中国企业尤其希望通过获取战略资产来成功地在全球市场上参与竞争（Deng，2007；Luo & Tung，2007）。随着国家政策的利好不断，"一带一路"倡议的深入实施，我国企业拥有了更多"走出去"的机会，对境外并购也越发青睐。近年来，与诸如提升市场份额、获取规模经济和范围经济、获得新市场以及多样化等传统并购目的不同，我国企业以获取目标企业技术为主要动机的技术获取型境外并购的数量不断增长。境外并购成为中国企业偏爱的投资模式，在很大程度上是因为它能使并购企业快速获得专利技术和增强研发能力（Belderbos et al.，2003；吴添祖、陈利华，2006；杜群阳，2009；严爱玲，2014；刘洪江，2015）。

据商务部统计，2016年，我国共对全球164个国家和地区的7961家境外企业进行了非金融类直接投资，累计实现投资1701.1亿美元，同比增长44.1%。一个显著的特点就是，制造业及高科技新兴产业的对外投资占比增长迅速。2016年，我国企业对制造业的投资占对外投资总额的比重从2015年的12.1%上升为18.3%，对信息传输、软件和信息技术服务业的投资占对外投资总额的比重从2015年的4.9%上升为12.0%。其中，以境外并购形式实施的对外投资增长迅速。易界Deal-Globe和胡润研究院发布的《2017中国企业跨境并购特别报告》指出，2016年，中国企业已经宣布且有资料可查的境外并购投资交易达到438笔，较2015年的363笔交易增长了21%；而累计宣布的交易金额达2158亿美元，超过2012~2015年中国企业境外并购交易金额总和，较2015年大幅增长了148%。2016年，中国内地企业境外并购交易数量最集中前十名依次是美国（19.2%）、中国香港（15.1%）、德国（8.0%）、澳大利亚（5.7%）、英国（5.7%）、法国（3.7%）、意大利（3.7%）、新加坡（3.4%）、韩国（3.0%）和加拿大（2.3%），主要集中于欧美等发达国家和地区。从境外并购关注的行业来看，我国企业的境外并购已有转向互联网、高科技、传媒等新经济领域的趋势，技术类公司成为中国企业境外并购的主要目标。2016年，对制造业实施的并购项目为197个，占我国境外并购总数的 26.6%；对信息传输、软件和信息技术服务业实施的并购项目为 109 个，占我国境外并购总数的 14.7%。

然而，在中国企业日益活跃于境外并购舞台的同时，失败的并购案例，以及虽成功实施并购，但并购后绩效不佳的案例频频涌现，引起企业界和学术界的高度关注与担忧。2004 年，TCL 并购法国汤姆逊彩电业务和阿尔卡特手机业务，就成为近年来中国企业境外并购失败的典型案例。据统计，中国企业境外并购案例中不能实现既定目标的比例高达70%。在传统的境外并购案例中，人们重点关注的是通过实施境外并购能够给企业带来怎样的绩效和竞争力改变，主要表现在并购实施后企业在一定时期内的财务绩效等经济效益指标上。随着以技术获取为主要目的的境外并购数量不断增加，人们开始关注企业并购后的创新绩效，即境外并购在多大程度上给企业带来了持续创新能力的提升。在技术获取型境外并购中，绝大部分并购目标是来自境外发达国家和地区的拥有较高技术和管理水平的技术型企业，实施并购的中国企业往往面临更为复杂的考量，除了受到诸如地缘政治、法律制度、文化、资金、管理、策略选择等传统因素的影响外，其创新绩效的达成还受到双方技术联系性，以及并购后企业技术整合情况的影响。有研究指出，中国企业的境外并购仅仅获得了关键设备和机器，却没有真正实现技术能力的提升（Guan et al.，2006），甚至有研究者认为并购不仅不能提升企业创新绩效，反而对企业研发有着消极的影响（Hitt et al.，1991；Veugelers，2006；Marin & Alvarez，2009）。因此，探寻并购双方企业技术联系性以及并购完成后的技术整合对技术获取型境外并购创新绩效的交互影响，探讨其影响机制和作用原理，对于中国企业在技术获取型境外并购中根据自身技术整合能力的高低选择恰当的并购标的，并在并购成功后进一步选择相匹配的技术整合模式，最大限度提升并购创新绩效，具有十分重要的现实意义。

（二）理论背景

从 20 世纪 70 年代开始，关于并购的研究开始增多，学界开始从不同的方面研究并购现象，主要形成了四个研究分支（Haspeslagh & Jemison, 1991；刘金雄等, 2002；Schewe et al., 2007）。第一个分支是金融经济学派，基于股票市场方法研究并购带来的绩效和财富效应（Haspeslagh & Jemison, 1991；Dixon et al., 2001）。第二个分支是战略管理学派，学者们研究并购前相关性，通常指的是相似性或者互补性对绩效的影响（Haspeslagh & Jemison, 1991；Larsson & Finkelstein, 1999；Cartwright, 2006；Chatterjee, 2009；陈菲琼等, 2015）。第三个分支是组织行为学派，研究并购交易对组织、组织文化和个人的影响（Haspeslagh & Jemison, 1991；Birkinshaw et al., 2000；韩世坤、陈继勇, 2002；龙静、汪丽, 2011）或是组织层面的变量如并购经验、文化差异等对绩效的影响（Haleblian & Finkelstein, 1999；Haleblian et al., 2006；于成永、施建军, 2011）。第四个分支是从战略管理学派和组织行为学派中派生形成的并购过程学派（Haspeslagh & Jemison, 1991），这一学派认为并购绩效是孕育在并购过程之中的（Jemison & Sitkin, 1986；Haspeslagh & Jemison, 1991；王小燕, 2013），在并购后需要进行高效的整合，才能成功达成交易（Birkinshaw et al., 2000；侯汉坡、刘峰, 2007；陈海声、王莉嘉, 2012）。

根据企业资源基础观和知识基础观，不同的知识源是导致企业创新绩效不同的原因（Bierly & Chakrabarti, 1996）。因此，并购企业获取、转移以及将目标企业的技术知识整合进自己知识系统的能力创造了可持续的竞争优势（Barney, 1986；于培友、奚俊芳, 2006）。当企业接触到基于并购和目标企业间不同技术能力的新的、多样化的思想时，其带来的组织学习机会增加，可以获取多样化的外部知识并适度利用这些新知识，对企业并购后的创新绩效具有重要贡献（Cloodt et al., 2006；马玉成等，2015）。技术创新管理研究强调了通过并购实现技术协同效应的重要性（Seth，1990）。针对技术获取型境外并购技术协同效应的实现，各学派尝试从不同的角度予以论证。其中，战略管理学派和并购过程学派对技术获取型境外并购的技术协同效应予以了较多关注和研究。

战略管理领域的一个主要研究焦点是将战略匹配看作并购成功的关键（Seth，1990；King et al.，2004；Homburg & Bucerius，2006）。在战略管理研究中，联系性（比如相似性和互补性）被视为并购中协同潜力的一个重要来源（Ansoff，1965；Rumelt，1974）。因此，在技术获取型境外并购中，并购方和目标公司技术知识的相似性和互补性效应是并购后创新绩效的重要决定因素（Ahuja & Katila，2001；Hagedoorn & Duysters，2002；Cassiman et al.，2005；Cloodt et al.，2006；唐清泉、巫岑，2014）。

并购过程学派强调并购整合过程对并购绩效的影响（Bower，2001；Barkema & Schijven，2008；Stahl & Voigt，2008；张光曦、方圆，2014；陈菲琼等，2015；陈珧，2016）。他们认为，并购成功的关键影响因素既来自并购前阶段（战略互补性和文化匹配性），也来自并购后阶段（并购整合的程度和速度）（Bauer & Matzler，2013）。他们将资源的相似性、互补性与并购后的整合策略选择相结合，深入探讨并购后整合策略的匹配对技术获取型境外并购协同效应的影响（Zaheer et al.，2008；Makri et al.，2010；Massimo & Larissa，2010；Castaner & Karim，2012；Bauer & Matzler，2013；王彩萍，2015）。

并购过程学派强调并购后整合的重要性，并主张整合策略的战略匹配性，在近几年引起了众多学者的关注。但是，在技术获取型境外并购中，并购后技术整合的构成具体包括哪些方面，它们分别通过怎样的作用机制实现其与联系性的战略匹配性，仍有待进一步深化的理论空间。本书试图对这一问题展开具体分析和研究。

（三）问题提出

从以上研究背景分析可以看出，并购后创新绩效是衡量技术获取型境外并购成功与否的重要评价指标。在诸多影响技术获取型境外并购创新绩效的因素中，并购双方企业技术联系性以及并购后的技术整合过程是实现并购技术协同效应、决定并购创新绩效的重要因素。结合理论和现实背景，本书在以往研究的基础上，致力于探析并购双方企业的技术联系性、技术整合和并购创新绩效三者之间的内在关系，并在对技术获取型境外并购技术整合的构成进行深入解析的基础上，分别探讨在技术并购实施前和技术并购实施后两个阶段，技术整合如何与技术联系性实现战略匹配，以获取最优的技术协同效应。具体而言，本书拟提出和解决如下三个关键性的问题。

第一，在技术获取型境外并购中，并购企业和目标企业的技术联系性（技术相似性和技术互补性）如何影响并购技术协同效应的实现？基于以往的研究，本书拟进一步深入探究技术联系性对技术获取型境外并购技术协同效应的内在作用机制，深入探析并购双方技术联系性与并购创新绩效的关系。

第二，在技术获取型境外并购中，技术整合的内涵及构成维度是怎样的？各维度的具体构成又是怎样的？现有的关于并购整合的研究大多属于通用性的研究，较少有针对技术整合的专门性研究。本书试图从理论上对技术整合展开分析，在现有理论研究的基础上，将技术整合划分为技术整合能力和技术整合模式两个构成维度。根据技术整合能力来源的不同，将技术整合能力区分为绝对技术整合能力和相对技术整合能力两个方面；根据技术整合模式的不同特点和不同适用性，将技术整合模式划分为技术吸收模式、技术保留模式和技术共生模式三种基本类型。由此针对技术获取型境外并购的技术整合构建一个较为系统和完整的理论模型。

第三，在技术获取型境外并购实施前和实施后两个阶段，技术整合应怎样与技术联系性形成战略匹配？本书认为并购企业的技术整合能力和技术整合模式选择均会对技术联系性与并购创新绩效的关系产生调节作用。基于此，本书认为只有在充分考量技术整合能力和技术整合模式的基础上，探讨技术联系性对并购创新绩效的影响才更有现实意义。本书最终指出，在并购实施前阶段，并购企业应结合技术整合能力的高低，选择与之相匹配的具有不同技术联系性强弱特征的目标企业，以奠定实现技术获取型境外并购技术协同效应最大化的基础；在并购实施后阶段，并购企业应选择与并购双方技术联系性属性相匹配的技术整合模式，以实现并购技术协同效应的最大化。技术整合与技术联系性在这两个维度和两个阶段的匹配，最终能够提升并购创新绩效。

带着上述关键问题，本书基于现实案例分析，构建理论分析框架并展开实证研究，以期填补现有并购理论研究的空白，获得对企业技术获取型境外并购具有理论与实践意义的结论和启示。

二　研究目标与内容

（一）研究目标

本书围绕技术获取型境外并购创新绩效这一研究对象，基于并购双方企业的技术联系性（技术相似性和技术互补性）和并购企业的技术整合，构建技术获取型境外并购双方企业的技术联系性、技术整合与并购创新绩效三者之间关系的综合分析框架。在技术整合的构成维度上，研究将技术获取型境外并购的技术整合划分为技术整合能力和技术整合模式两大维度，并针对每一维度进行进一步的理论构建，试图针对技术获取型境外并购的技术整合建立一个较为系统和完整的理论框架，并在这一理论构成框架下，针对技术整合能力和技术整合模式的调节作用构建一个从并购前指导决策到并购后战略匹配的二阶段调节模型。

研究的基本模型如图 1 – 1 所示。

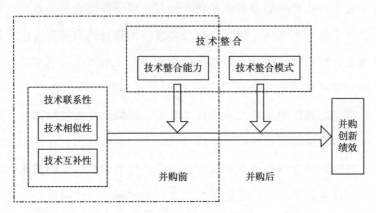

图 1 – 1　研究的基本模型

(二) 研究内容

本书的主要内容包括以下五个部分，研究的内容框架如图 1 – 2 所示。

第一，国内外相关研究综述。

本部分围绕研究所要解决的问题和研究目标，对国内外已有的相关研究文献进行梳理和整合，在查阅国内外大量相关文献的基础上，分别对并购与企业技术创新、技术联系性与并购创新绩效、并购整合、技术联系性与并购整合四个方面的主要研究成果进行回顾、梳理和评述，了解当前研究进展和未来研究空间，为接下来的理论分析和模型构建打下基础。

第二，技术获取型境外并购探索性案例研究。

本部分甄选出中国企业技术获取型境外并购的典型案例，选择三一重工并购德国普茨迈斯特、上工申贝并购德国 DA 公司两个案例，对这两个案例的并购背景、并购双方的技术状况、并购后的技术整合，以及并购创新绩效展开分析，探讨技术获取型境外并购双方企业的技术联系

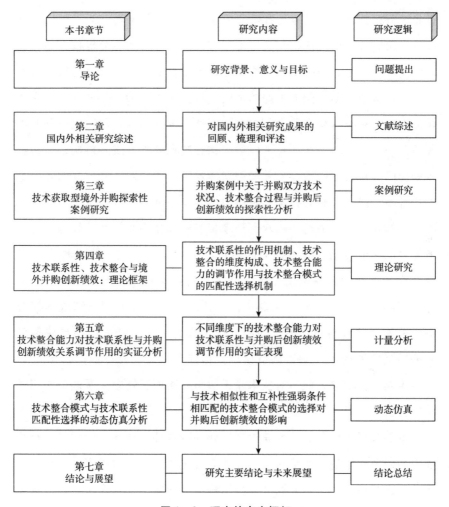

图 1-2 研究的内容框架

性以及并购后技术整合过程对并购创新绩效的影响，初步探寻并购双方企业技术联系性与并购技术整合模式选择的相互关系及其对并购创新绩效的影响机制。

第三，技术联系性、技术整合与境外并购创新绩效：理论框架。

本部分通过理论分析与论证，构建技术获取型境外并购双方企业的技术联系性、技术整合及其交互关系对并购创新绩效影响的主要理论框架，探讨其作用机制，提出相应的假设，为后面的研究奠定理论基础。

首先，分析技术获取型境外并购双方企业的技术相似性与互补性影响并购技术协同效应实现的机制，提出相应的假设。其次，分析技术整合的内涵及构成维度，为技术整合构建出技术整合能力和技术整合模式两大维度。根据技术整合能力来源的不同，将技术整合能力分为绝对技术整合能力和相对技术整合能力；根据技术整合模式的特点归纳出三种基本类型——技术吸收模式、技术保留模式和技术共生模式。再次，分析技术整合能力对技术联系性与并购创新绩效的调节作用，探讨并购企业绝对技术整合能力和相对技术整合能力影响并购创新绩效的机制，以及并购企业技术整合能力对并购双方技术相似性和技术互补性与并购创新绩效关系的调节作用，提出相应的假设。最后，探讨技术联系性对技术整合模式选择的影响机制，推导出技术整合模式与技术联系性的匹配性选择结果。由此建立技术联系性、技术整合与并购创新绩效的综合分析框架，并针对技术整合的调节作用构建一个从并购前指导决策到并购后战略匹配的二阶段调节模型，构建出最终的总体理论框架。

第四，技术整合能力对技术联系性与并购创新绩效关系调节作用的实证分析。

本部分以中国企业技术获取型境外并购事件为样本，针对技术整合能力的调节作用进行实证检验。具体而言，本部分将通过实证数据对以下关系进行检验：一是并购双方技术相似性和技术互补性对并购企业创新绩效的影响；二是分别验证并购企业绝对技术整合能力和相对技术整合能力对技术相似性与并购创新绩效之间关系的调节作用；三是分别验证并购企业绝对技术整合能力和相对技术整合能力对技术互补性与并购创新绩效之间关系的调节作用。本部分通过实证分析，得出在并购企业技术整合能力高低不同的情形下，应与怎样的技术相似性和互补性强弱组合相匹配，才能实现并购后技术协同效应最大化的结论。以此为并购实施前阶段选择相匹配的具有不同技术联系性强弱特征的目标企业提供决策指导，奠定实现技术协同效应最大化的基础。

第五，技术整合模式与技术联系性匹配性选择的动态仿真分析。

本部分在第四章理论框架和机制分析的基础上，通过对并购技术整合过程的刻画构建技术整合模式与技术联系性匹配性选择的数理模型，运用多主体仿真方法，设置仿真实验的环境参数，分别在技术相似性强互补性弱、技术相似性弱互补性强，以及技术相似性强互补性强三种不同技术联系性特征下，验证不同技术整合模式选择对并购创新绩效的影响，通过多主体动态仿真方法探析在并购实施后阶段并购企业应如何选择与并购双方技术联系性属性相匹配的技术整合模式，以实现并购技术协同效应的最大化。

三 研究方法、创新点与技术路线

（一）研究方法

在国内外相关研究综述这一部分，主要采用二手资料调研法和文献研究法，根据本书研究目的，系统查阅并购与企业技术创新、技术联系性与并购创新绩效、并购整合、技术联系性与并购整合四个方面的历史研究文献，对这些研究的成果及结论进行回顾、梳理和评述，了解本书研究领域当前的研究进展和未来的研究空间。

在技术获取型境外并购探索性案例研究部分，主要采用的是实地调研、二手调研、内容分析等方法，选取三一重工并购德国普茨迈斯特，以及上工申贝并购德国 DA 公司这两个中国企业技术获取型境外并购的典型案例，对案例中技术获取型境外并购背景、并购双方的技术状况、并购后的技术整合，以及并购创新绩效展开分析，初步探寻并购双方企业的技术联系性、并购后的技术整合与并购创新绩效的关系。

在技术联系性、技术整合与技术获取型境外并购创新绩效总体理论框架构建部分，主要采用的是理论研究方法，综合运用对外直接投资理论、资源经济学理论、战略管理相关理论、技术创新管理理论以及并购过程学派、组织行为学派相关理论等，构建出技术整合的基本构成框架，从理论上把握技术联系性、技术整合与并购技术协同效应三者关系的内在机制，建立技术联系性、技术整合与并购创新绩效的综合分析框架，针对技术整合的调节作用构建一个从并购前指导决策到并购后战略匹配的二阶段调节模型，构建出最终的总体理论框架，并提出相应的假设。

在技术整合能力对技术联系性与并购创新绩效关系调节作用的实证分析部分，主要采用计量分析方法，选取中国企业技术获取型境外并购事件作为样本，构建各类变量指标，通过广泛收集样本企业有关数据库中的数据及公开新闻信息，运用 OLS 估计和分层回归的方法对研究的核心理论假设进行检验，探讨在并购实施前阶段，并购企业应如何结合技术整合能力的高低不同，选择与之相匹配的具有不同技术联系性强弱特征的目标企业，以奠定实现技术获取型境外并购技术协同效应最大化的基础。

在技术整合模式与技术联系性匹配性选择的动态仿真分析部分，主要根据前面的理论框架和机制分析构建数理模型，采用多主体仿真方法，设置仿真实验的环境参数，分别在技术相似性强互补性弱、技术相似性弱互补性强，以及技术相似性强互补性强三种不同技术联系性特征下，探讨不同技术整合模式选择对并购创新绩效的影响，探析在并购实施后阶段，并购企业应如何选择与并购双方技术联系性属性相匹配的技术整合模式，以实现并购技术协同效应的最大化。

（二）研究的创新点

第一，现有关于并购整合的研究，大多属于较为宽泛的通用性研究，缺少具有针对性的某一领域整合的专用性研究。本书针对并购技术整合展开特定领域的理论分析，探讨技术整合的内涵和构成维度，以及各维度的具体构成，尝试构建一个较为系统和完整的理论框架。

第二，目前针对并购整合能力，尤其是技术整合能力的直接研究较为缺乏。技术整合作为理论框架的一部分，本书进一步根据并购企业技术整合能力的来源，将技术整合能力分为绝对技术整合能力和相对技术整合能力，探讨并比较两种技术整合能力的调节作用，并结合实际展开实证检验，发掘技术整合能力在并购前阶段的决策指导意义。这在以往的研究中并不多见。

第三，在对技术整合模式进行理论归纳的基础上，通过对并购整合过程的刻画构建数理模型，采用多主体动态仿真的方法，探讨在并购实施后阶段，技术整合模式与并购双方技术联系性的匹配性选择，探寻并购实施后阶段并购企业的创新绩效最大化决策，与前面技术整合能力的调节作用相结合，构建了一个二维度二阶段的调节模型。

第四，与已有并购案例研究大多对并购总体整合过程和总体经营绩效展开分析不同，本书选择典型的技术获取型境外并购案例，基于特定的技术创新视角，从并购双方的技术状况、技术整合的过程和并购后的创新绩效等方面展开分析，这种有针对性的探索性案例研究角度较为新颖。

（三）研究的技术路线

为分析探讨技术联系性、技术整合与技术获取型境外并购创新绩效之间的关系，本书按照"问题提出—文献回顾—探索性案例研究—理论框架构建—实证研究—结论讨论"的设计思路展开研究。具体的研究技术路线如图 1-3 所示。

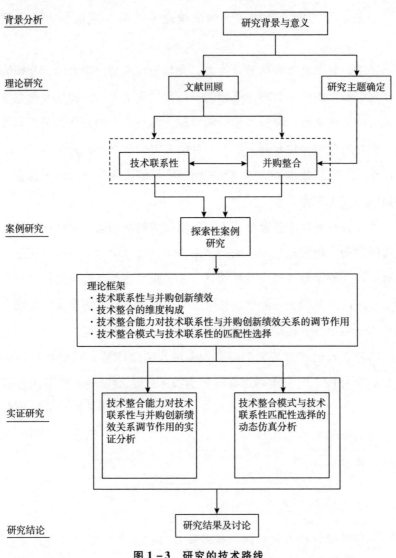

图1-3 研究的技术路线

| 第二章 |

国内外相关研究综述

一　并购与企业技术创新相关研究

（一）技术获取与技术并购

国际竞争加剧以及技术变化日新月异，迫使企业致力于获取和保持其竞争地位，而技术知识、市场知识、灵活性以及技术能力是企业获取并保持其竞争地位的关键资源（Cantwell & Santangelo，2002）。其中，技术能力作为企业参与国际竞争的关键资源，其高低不仅影响企业的生存和发展，也体现出一个国家的硬实力和国际地位。在技术能力中，企业的技术创新能力尤为重要，直接影响其在全球市场中的技术领导力和竞争优势（Hu，2012），如何提高企业的技术创新能力成为企业最关注的问题之一。技术创新来源于内源式创新和外源式创新（王娟，2015），除了企业内部的独立创新，合作创新也能对企业的创新绩效产生显著影响（Xie et al.，2013；Tu et al.，2014）。知识管理和开放式创新已经成为企业提升技术创新能力的首选和最有效的方式（Huang，2011；Lee et al.，2013；Yeşil，2014）。开放式创新是指企业通过与其他主体相互作用，以及对内部和外部技术的整合提高技术创新能力；而知识管理能够使企业在学习其他知识的过程中提高技术创新能力。并购尤其是技术并购,是企业获取外部技术资源和提高自身研发能力的重要途径(黄璐等,2017),技术并购结合了知识管理和开放式创新的优点,近年来越来越受到企业的青睐。

获取新知识和能力的技术并购已经成为企业越来越普遍的技术创新模式(Vermeulen & Barkema,2001;Uhlenbruck et al.,2006;薛云建等,2013;陈爱贞、刘志彪,2016;张学勇等,2017)。通过对 1990 ~ 2000 年超过 9000 笔并购交易的研究,Villalonga 和 McGahan(2005)发现,潜在并购目标方所拥有的技术资源有利于提升其被并购的可能性。拥有丰富技术资源的并购目标方通过提供新型多样化的知识为并购企业的组织学习提供机会(Ghoshal,1987;Hitt et al.,1996)。出于获取技术目的的并购意味着并购企业希望通过从被并购企业吸收知识,开展仅仅依靠其内部资源不能完成的创新来加强其研发能力(Ahuja & Katila,2001;郑霄鹏,2014;黄颖,2014),以利于创新和获取可持续竞争优势(Hamel,2000;Ahuja & Katila,2001;Cloodt et al.,2006;于成永、施建军,2012)。

技术并购以获取目标企业的先进技术为主要动机,而非技术并购并不以获取技术为主要目标。技术并购可以被视为一种投资,可以理解为企业的外部开放式创新。从创新能力的结合和知识利用中获得技术协同效应是技术并购的重要动机(Bena & Li,2014;Orsi et al.,2015)。信息系统整合、文化整合和技术整合产生的经营协同效应以及战略整合产生的管理协同效应都会对企业的创新产生显著的正向影响(鲍新中等,2014)。并购企业通过从目标企业吸收和同化所获取的知识增强创新能力。并购可以扩展并购公司的知识基础,具有显著的创新效应(刘辉等,2017)。因此,技术并购已经成为越来越流行的企业提升其技术创新能力的模式(Jo et al.,2016)。

并购是企业摆脱地理束缚,在各地获取技术的途径之一(Anand & Delios,2002)。技术并购可以被视为并购企业吸收内嵌在目标企业中知识的途径，该过程意味着并购企业快速获取技术资产，提升其技术基础，以及更好地利用目标企业的技术（Granstrand & Sjölander，1992）。与企业提升创新能力的其他战略相比，技术并购具有缩短研发周期和降低风险的明显优势。因此，越来越多的企业将技术并购视为提升其创新能力的最佳策略，尤其是发展中国家的企业。发展中国家的企业处于全球产业链的底部，通常具有较低的创新能力，可以通过并购具有先进技术的企业提高其创新能力。技术并购能够避免内部研发的高成本，帮助企业在短期内获得领先的核心技术。有研究表明，为了提升技术能力，拥有较低研发强度的企业更倾向于收购其他企业，从而使其在复杂的竞争环境中生存和成长（Blonigen & Taylor，2000）。Zhao（2009）认为，从外部市场的目标企业获取技术是解决并购企业内部创新能力不足的有效途径。创新能力不足的企业能够通过收购创新型企业获取新的互补技术资源（Barkema & Vermeulen，1998）。也就是说，研发费用较低的企业更有可能成为并购方，而研发密集型企业往往成为目标方。周城雄等（2016）认为，相对于未实施并购的企业，并购企业在并购后的第三年，创新能力增长速度要更高，进一步地，对于并购前创新能力弱的企业而言，并购对其创新能力的提升作用更为明显。此外，对于缺乏东道国市场专门知识，或试图进入既有本地网络发掘市场能力的创新型企业而言，技术并购同样极具吸引力（Kogut & Singh，1988；Hennart & Park，1993；Jaffe et al.，1993）。因此，技术获取型境外并购是指并购企业以并购的形式获取目标企业的优质技术资源，通过对目标企业技术知识的消化、吸收和再创造，实现并购技术协同效应，达到提升自身创新能力和获取可持续竞争优势的目的的境外投资行为。

（二）并购对企业创新绩效的影响

20世纪90年代，学者们开始关注并购对企业创新绩效的影响，围绕这一问题展开理论和实证研究，得出的结论不尽相同。

一些学者认为并购对并购企业的创新绩效具有积极影响。

首先，并购可能会促进并购后企业的创新产出。企业合并会优化研发支出结构，进而通过不同渠道影响创新产出（Ornaghi, 2009）。无论企业从事研究的数量有多少以及进行何种研究，固定成本作为研发支出的组成部分，是所有企业都要承担的。并购企业和目标企业知识基础的一致性为将来的研发提供了产生协同效应的机会，减少了多余的或重复的研发活动，可以通过避免无效的重复大大降低研发成本（Ornaghi, 2009），并通过建立更大的研究基地进一步降低财务成本（Hall, 1990; Cassiman et al., 2005）。此外，金融经济学或企业控制领域的理论研究认为，并购可以缓解企业内部的低效率、代理问题和完善资本市场体系（Jensen & Ruback, 1983）。将该理论运用于研发领域，表明并购所带来的财务杠杆效应会增加研发资金的机会成本，导致削减研发项目或选择更高的风险规避型的研发项目，进而对研发活动的资金产生影响（Cassiman et al., 2005）。在存在研发规模经济效应和范围经济效应优势的情况下，并购后企业的研发效率将会提高（Cohen & Levinthal, 1989; Roller et al., 2001）。Cohen 和 Levinthal（1989）、Roller 等（2001）的研究也指出，由于研发中规模经济和范围经济的存在，并购后企业可能减少重复研发，通过吸收和利用外部知识提升技术能力，并购可以更有效地促进效率的提升。

其次，技术并购通过联合两家企业的专门技术，使得并购企业可以获得较大的知识协同效应。Henderson 和 Cockburn（1996）指出，经济观点与研发支出有关，然而内部的知识溢出会影响产出，与支出无关。与纯粹的经济观点不同，该观点认为无论研发投入如何变化，知识协同都意味着企业研发绩效的提升。一个项目中科学家的发现能够通过思想的交叉碰撞刺激其他领域学者的研发行为（Ornaghi, 2009）。并购能够提高并购企业的知识存量，促进对知识存量的深入研究（Barkema & Vermeulen, 1998）。知识的转移激励着企业内部更为努力地利用所获取的新技术，从而对企业创新能力尤其是创新产出产生积极的影响（Henderson & Cockburn，1996）。

最后，较高的并购倾向会增加企业的技术研发活动（Hall，1990）。重要竞争对手的消失可能会使得以前外流的技术内部化，进而刺激新企业的研发投资（Kamien & Schwartz，1982）。

部分学者的实证研究证实了上述理论观点。Ahuja 和 Katila（2001）发现，非技术并购对创新产出没有显著影响。Cloodt 等（2006）、Wen 和 Liu（2011）的研究显示，技术并购能够提高并购企业的创新绩效，而非技术并购具有负面影响。Olivier 和 Pluvia（2006）的研究发现，国内并购削减了研发投资，而跨国并购则具有相反的作用。外国企业对法国企业的并购提高了其研发支出，而法国被并购企业的外部和内部研发支出亦同步增加（Olivier，2009）。Ismael 等（2014）指出，并购企业规模越大，技术并购后创新绩效的提升越显著。Conte 和 Vivarelli（2014）发现，技术并购除了能够提高产品创新的成功率，更重要的作用体现在创新过程中。Jo 等（2016）的研究证明，技术并购对并购后企业的创新绩效具有积极影响。国内的部分实证研究也证明了并购对企业的创新绩效具有促进作用。跨国并购对发明专利和实用新型专利的申请无论短期还是长期都具有显著的正向影响（茹运青、孙本芝，2012）。也有学者指出，并不是所有类型的跨国并购都对企业的创新绩效具有促进作用，其中技术并购对企业的研发绩效有正面作用（杨军敏、曹志广，2012），而其他目的的并购对企业的研发绩效并没有显著的影响（张峥、聂思，2016），甚至还可能具有负面作用（杨军敏、曹志广，2012）。进一步地，在技术并购中，并购企业的并购成熟度和财务资源能够显著影响并购后的创新绩效，但并购后研发投入的增加会弱化并购成熟度对创新绩效的积极影响（王宛秋、马红君，2016）。非相关技术并购能够显著促进创新绩效的提升，而相关技术并购的创新绩效则没有显著变化。企业技术知识基础的宽度和深度会对并购企业的创新绩效产生调节作用,技术知识基础较宽的并购企业通常拥有较差的技术并购后创新绩效,但在非相关技术并购中,创新绩效要好一些;如果并购企业具有较深的技术知识基础,实施非相关技术并购则会不利于并购后创新绩效的提升(刘洪伟、冯淳,2015)。同时,相对技术差异在技术并购影响技术创新中发挥调节作用(王珍义等,2015)。

然而,还有一些学者认为并购对创新绩效具有负面影响。

Hall(1990)和 Hitt 等(1991,1996)的研究最具代表性,他们分别探讨了并购对企业创新投入(如研发费用)和创新产出的影响。Hall(1990)检验了并购对企业研发的影响,发现并购后企业的研发强度(用研发投入占销售收入的比重来衡量)有所下降,尽管该下降在统计上并不显著。Hitt 等(1991)探讨了并购对研发投入和产出的影响,发现并购对研发投入产生显著的负面影响,而多元化并购对研发产出也产生负面影响。

继 Hall(1990)和 Hitt 等(1991)的研究之后,大量理论和实证研究认为并购可能会给创新绩效带来不利影响。尤其是在非技术动机的并购中,并购企业往往不能获得技术知识,不能对企业创新活动产生影响,如果并购对企业已建立的常规秩序造成破坏的话,还会因为管理精力的消耗而对并购创新绩效产生负面影响(Haspeslagh & Jemison,1991;Hitt et al.,1996;Ahuja & Katila,2001)。有学者指出,并购企业和目标企业之间往往存在技术的重复,根据吸收能力、知识冗余和组织破坏的程度不同,技术重复会对企业的技术创新能力产生不同的影响(Bena & Li,2014;Sears & Hoetker,2014),并不一定表现为正向的促进作用。

Ornaghi(2009)指出,大部分认为并购将会对研发产出产生积极影响的分析忽略了一个重要的问题,即企业的大部分知识体现在它们所拥有的技术人员和科学家身上。并购导致的研究人员数量减少会导致新企业实际知识的减少,该假设已经得到证实。1996 年,葛兰素惠康关闭了其位于 Becenham 的主要的英国研究机构，该机构拥有 1500 名科学家和职员，一些专家认为葛兰素惠康失去了比预期更多的人才（Ravenscraft & Long，2000）。安内特公司削减其研发项目并关闭了一处研发机构后，出现了同样的情况。

并购的另一个重要的问题在于可能存在信息不对称。为了寻求更高的交易价格，在谈判过程中被并购企业往往隐瞒负面信息，仅仅提供有利信息，该信息不对称有可能给并购企业对目标企业的整合带来困难，从而进一步降低创新绩效（Ma & Liu，2017）。此外，文化失调和其他的一些整合问题也可能会破坏创新产出，从而阻碍创新的成功。因此，并购对研发产生的影响并不确定。

绝大多数研究的焦点在于并购对技术产出的影响，也有一些研究指出并购对并购企业技术投入会产生消极影响（Ravenscraft & Scherer，1987；Hall，1990；Hitt et al.，1991，1996；Lichtenberg，1992）。除非技术溢出十分重要，否则并购后企业可能会对研发投资进行整合，这将会导致更低的研发支出（Kamien & Schwartz，1982；De Bondt，1997）。同时，技术竞争的消除以及研发活动的重复可能会导致投资协调的增加，减少研发支出（Scherer，1984），并购资金筹措所带来的负债水平提高也能对这一消极影响进行解释，因为研发活动的机会成本增加，风险规避将会更强。此外，企业通常会在与目标企业相近的领域进行后续研发活动，以降低可能阻碍技术资源整合的信息不对称性。而相近的技术领域可能会导致并购双方企业间存在严重的资源冗余（Zollo & Singh，2004），或造成并购企业研发规模报酬递减。技术资源并购可以填补并购企业的特定资源需求空白（King & Driessnack，2003），或外部研发可以部分替代企业内部技术发展（Hitt et al.，1991，1996；Barkema & Vermeulen，1998；Blonigen & Taylor，2000），即目标企业技术资源与并购企业技术资源间呈现替代性，也就是说技术并购将会对并购企业的研发支出产生负面作用。

　　传统经济学的大多数实证研究普遍认为，并购对并购企业的研发投入和产出均会造成负面影响。这些实证研究通常针对美国企业采用大样本的统计分析展开，大多依赖并购活动、研发投资层面以及产业或企业层面的专利等公开的信息（Ravenscraft & Scherer, 1987; Hall, 1990; Lichtenberg, 1992; Hitt et al., 1991, 1996; Blonigen & Taylor, 2000）。Jensen 和 Ruback（1983）的案例研究显示，无论是研发项目的量还是质，并购都会对其产生消极影响，并最终影响技术产出。Carmine（2009）利用 1988 ~ 2004 年医药产业的数据展开分析，结果显示，并购企业的绩效要劣于非并购企业。Liu（2011）发现，进行跨国并购的上市公司的绩效在并购后第一年得到显著提升，但是在第二年开始下降。Cefis 和 Triguero（2016）、Giovanni（2016）的研究结果表明，并购对研发强度具有显著的负面影响。Ma 和 Liu（2017）则进一步探讨了不同并购类型对创新绩效的影响，通过对 2004 ~ 2011 年中国上市制造企业的 96 例并购事件样本的实证研究，发现水平并购和联合并购降低了创新绩效，而垂直并购对创新绩效没有显著影响；技术并购对并购企业的创新绩效具有积极影响，非技术并购则具有消极影响；进一步地，在技术并购中，进入型技术并购会降低创新绩效，互补型技术并购能提升创新绩效，改善型技术并购则对创新绩效不具有显著影响。国内的部分研究也显示，技术并购不会显著影响企业绩效，即使考虑内部研发投入的交互作用，其影响仍然不显著（王金桃、裴玲，2013）。这主要是因为我国高技术行业大多处于并购整合初期，技术并购的理念和条件都不是很成熟，影响了技术并购对企业创新绩效的作用，使得技术并购对并购后企业创新绩效的促进作用不明显（奕丽萍，2013）。朱治理等（2016）基于知识吸收能力和文化距离理论展开实证检验，发现境外并购对并购企业的技术创新具有显著的负向影响，而且即使从长期来看，这一负向影响也没有降低的趋势。进一步地，如果国内并购企业的并购目标是来自欧美等国家的企业，由于双方企业的文化关联度较低，并购对企业技术创新的负向影响较为显著；如果并购目标是来自亚洲国家的企业，由于双方企业的文化关联度较高，该负向影响相对较弱。

这些实证研究有一个一致的特点，即这些研究结论大多缺乏较强的显著性，关于并购对企业技术活动影响的实证研究结果相当模糊，无论对创新的概念还是测度框架，若是考虑更为严格的方法，都能推导出对投入和产出的不同影响结果。这可能是因为在这些研究中，一般缺乏对管理关系的条件的深入分析（Cassiman et al. , 2005）。

二　技术联系性与并购创新绩效相关研究

（一）联系性与技术联系性

并购中经济协同目标的实现是并购绩效的决定因素（Kitching，1967；Jemison & Sitkin，1986；Shrivastava，1986；Zollo & Meier，2008），而联系性是并购中协同潜力的一个重要来源（Ansoff，1965；Rumelt，1974）。以往的研究已经把并购方和目标公司的联系性作为并购活动中产生协同收益，进而创造价值的重要潜在来源（Singh & Montgomery，1987；Seth，1990）。要实现并购潜在的经济协同目标，并购双方一定要存在战略匹配或者联系性（比如相似性与互补性）（Jemison & Sitkin，1986；Kim & Finkelstein，2009）。相似性和互补性都属于联系性这一概念范畴，但两者在概念上具有清晰的区别。

1. 相似性与技术相似性

联系性通常被认为是相似性，被定义为目标公司和并购方在产品、顾客、资源等方面的临近性或者相似性（Chatterjee，1986；Lubatkin，1987），这一概念已经在很多领域被广泛地研究，比如产品、分销渠道、顾客和技术等领域（Seth，1990）。相似性刻画了两公司分享相似的技术、产品、市场或者能力的程度（Chatterjee，1986；Lubatkin，1987）。

学者们认为，相似性是潜在协同性最重要的来源（Meyer & Altenborg，2008）。目标企业与并购企业越相似，其越具有提升并购企业效率的潜力，并购企业越能够通过并购后的规模经济和范围经济获取协同收益（Penrose，1959；Panzar & Willig，1977）。

技术知识是实施技术获取型境外并购的企业最重要的资源。技术联系性刻画了公司的技术能力、熟练度和知识都在相同较窄范围的技术领域中，会影响协同效应的实现，同时会扩展并购后的知识（Harrison et al.，1991；Ornaghi，2009；Cassiman et al.，2005）。对于并购创新影响的经典研究表明，技术联系性对并购后实体的创新绩效有重要影响。对于相似性与互补性关系的模糊解释主要建立在资源基础观之上，认为不同的创新绩效和持续的竞争优势取决于管理层合并并购双方知识和技术的特殊能力（Barney，1986，1991）。当并购双方存在技术相似性时，它们就存在增加研发活动规模的空间，由此可以实现规模经济（Massimo & Larissa，2010）。相似性尤其是技术相似性，能够促进现有知识和正在探索的知识的交换和组合（Nonaka et al.，1996）。

Zaheer 等（2008）对技术相似性给出这样的定义：企业间的技术相似性是指它们解决的技术难题集中到一个较窄的知识领域的相似程度。

2. 互补性与技术互补性

除了公认的构成并购双方企业资源联系性一个方面的相似性（Chatterjee，1986；Singh & Montgomery，1987；Seth，1990），理论研究表明，互补性也是联系性的重要方面（Ansoff，1965；Larsson & Finkelstein，1999）。学者们通过长期观察发现，相似性并不是并购中价值创造的唯一来源，并购方和目标公司的差异也能成为价值创造的潜在来源，只要这种差异是协同的（Harrison et al.，1991），这就构成了两个公司的互补性。互补性被定义为那些独立存在、相互支持的资源特点（Tanriverdi & Venkatraman，2005；Wang & Zajac，2007）。从资源基础观的角度来看，互补性是资源重组和开发的基础（Sarkar et al.，2001；

Kim & Finkelstein，2009），互补性通过合并不同的产品、技术或者市场创造潜在的更多价值（Ansoff，1965；Porter，1985），可以促进有价值的资源重置（Larsson & Finkelstein，1999）。与相似性不同的是，互补性关注的是"匹配性带来的经济"，而非"同样性带来的经济"（Bauer & Matzler，2013）。除此之外，相似性与互补性两者之间的区别还在于互补性能够带来不同的组织元素（Harrison et al.，1991），产生收益加强的协同，即合并后的公司通过更好地满足顾客需求带来价值创造。

在现有研究中，学者们从管理团队的互补性（Krishnan et al.，1997）、技术互补性（Makri et al.，2010）、战略及市场的互补性（Kim & Finkelstein，2009）和产品的互补性（Wang & Zajac，2007）等方面来研究互补性。对于本书所关注的技术互补性，Zaheer 等（2008）给出了这样的定义：企业间的技术互补性是指它们解决的科技难题集中到不同的较窄的知识领域但是共享一个较为宽泛的知识领域的互补程度。

（二）技术相似性与并购创新绩效

产业组织理论的研究认为，技术相似性对并购创新绩效的积极影响主要得益于研发的规模经济和范围经济。生产活动中的规模经济和范围经济，能够使得共享相同产品技术的企业通过并购增加经营协同的潜力，而在相同产品市场存在竞争的企业通过并购将会产生合谋性协同效应优势，有利于市场势力的提升（Caves，1989；Roller et al.，2001）。所以，并购可能使研发形成规模优势和范围优势，从而并购后的研发效率将会更高（Cohen & Levinthal，1989；Roller et al.，2001；Cassiman et al.，2005）。这种研发效率和创新绩效的变化能够通过规模经济的产生来解释，具有不同的作用机制。比如并购缩短了创新时间，企业更有可能致力于实施更大的联合项目等（Gerpott，1995；Hagedoorn & Duysters，2002）；又如并购可以增加公司的研发活动规模，达到一定的程度后其可以实施更多的研究项目，同时可以通过专业化来达到学习曲线的有效率部分；多余的独立研发和浪费的研发投入可以进行削减等（Hall，1990；Hitt et al.，1991；Henderson & Cockburn，1996；Capron & Hulland，1999）。同时，研发活动的合并还会产生范围经济，通过搭配展开各类研发活动，实现对技术资源的重新整合（Capron et al.，1998；Capron & Hulland，1999；Ahuja & Katila，2001），在相关研究项目中挖掘"内部溢出"（Henderson & Cockburn，1996）以及在更大范围内传播公司的资源（Lubatkin et al.，1997）。

同时，技术相似性能够管理并促进现有知识的相互理解和分享（Cohen & Levinthal，1990）。相互学习的先决条件是双方拥有共同的技能、共享的语言和相似的认知结构（Lane & Lubatkin，1998）。两个公司的技术知识越相似，被并购公司的知识就能够更快地被吸收和被商业化开发（Cohen & Levinthal，1990；Lane & Lubatkin，1998）。此外，使用相似的技术和分销渠道以及拥有相似的顾客有助于在沟通和整合的时候提供类似的语言或者语法（Monteverde & Teece，1982）。某种程度的技术相似性能够使研发团队理解对方的互补性技术，因此可以将技术合并并且内部化。

然而，如果两个公司的知识基础特别接近，学习的潜力就很有限，因为过度的重叠阻碍了"认知的范围经济"形成（Nooteboom et al.，2007）。如果被并购企业的技术知识与并购企业已有的技术知识太相似，对并购创新绩效则只能产生很小的贡献，太高的相似性会减少并购企业学习的机会（Ghoshal，1987；Hitt et al.，1996；Cloodt et al.，2006）。整合高度相似技术的并购局限了潜在学习的范围，并且也减少了通过并购探索不同研究机会的激励。企业间技术能力在一定程度上的不同可以丰富并购企业的知识库并提供学习机会（Cohen & Levinthal，1990），当知识合并建立在并购双方不同的技术能力基础上的时候，组织学习的机会就增加了（March，1991；Fleming，2001），进而促进创新绩效的产生。但如果合并后公司的研发活动所在技术领域差异过大，知识整合成本会增加（Katila & Ahuja，2002），并购就会损害创新绩效（Ahuja & Katila，2001；Cloodt et al.，2006）。

对高技术产业并购的研究已经发现，并购企业和目标企业的技术相似性是并购创新绩效的重要预报（Hagedoorn & Duysters，2002；Cassiman et al.，2005；Cloodt et al.，2006）。Cloodt 等（2006）的研究显示，在高技术产业中，技术相似性和并购后的创新绩效呈现倒 U 形关系，目标企业的技术领域与并购企业过于类似，或者过于不相关，都会影响并购后企业的创新绩效（数量上），使其表现极差；只有当目标企业与并购企业的技术适度重叠时，并购后企业的创新绩效才会得到较为明显的提升。Cassiman 等（2005）发现，并购企业在并购具有相似技术的企业后，往往会更多地强调发展而不是研究，因此其在研发方面会减少投入和努力。因此，简明地说，如果技术知识相似到足以开展学习，并且差异到足够提供新的机会和研究激励的话，并购后的创新绩效就达到最佳了。国内学者对并购技术相似性对企业创新绩效的影响亦展开了实证研究。许梦洁（2016）的研究发现，技术相似性越高的并购越能促进并购企业的创新绩效，且双方在越具体的领域存在技术相似性，并购企业的创新绩效越好。张峥等（2016）的实证研究结果则表明，并购双方的技术相似度对创新绩效的影响呈现倒 U 形，处在技术相似度临界点时并购企业的创新绩效最佳。王丽军（2016）以 2006～2012 年中国 45 家上市公司发生的 90 起跨国技术并购案例作为研究样本的分析表明，技术相关性对知识互补型技术并购与创新绩效之间的关系具有正向调节作用，对知识替换型技术并购与创新绩效之间的关系具有负向调节作用。

（三）技术互补性与并购创新绩效

相似性并不是并购中价值创造的唯一来源，理论研究表明，互补性也是联系性的重要方面（Ansoff，1965；Larsson & Finkelstein，1999），是并购价值创造的潜在来源（Penrose，1959）。注意到互补性在并购中的作用十分重要，King 等（2004）提出应该有更多的研究关注这一现象。

以资源基础理论（RBT）作为理论视角，这一领域的研究表明，总体而言当并购双方企业资源为互补性的时候，并购创新绩效具有更高的提升（Hitt et al.，1998；Capron & Pistre，2002；King & Driessnack，2003；Puranam et al.，2006）。大多数关于资源联系性的延伸研究着眼于资源的正向加强作用（Teece，1986；Milgrom & Roberts，1995；Tanriverdi & Venkatraman，2005）以及互补性，即一种资源的边际收益随着另一种资源使用量的增加而增加（Sigglekow，2002）。但是企业资源的相互转化也可以是替代性的（Capron et al.，1998；King & Driessnack，2003；Miller，2003）或显示出负交互作用（Sigglekow，2002）。通过互补性资源的交互作用，价值创造不仅来源于成本的节约，也可以来自市场份额或营业额的增长（Helfat，1997）。Larsson 和 Finkelstein（1999）采用事件研究的方法证实了并购双方企业间互补性资源的交互作用能够帮助企业实现协同效应。

互补性除了能带来效率协同外，还能够带来不同的组织元素（Harrison et al.，1991），能够从不同的相互支持的资源中创造新价值，即所谓的"增长性协同"。正如 Kim 和 Finkelstein（2009）指出的那样，互补性给企业创造了"单一企业所不能独立发展的能力"（Harrison et al.，1991；Capron et al.，1998；King et al.，2008）。在境外并购过程中，互补性资源能够通过推进增长性协同效应的实现，正向地促进并购成功（Jemison & Sitkin，1986；Sarkar et al.，2001；Tanriverdi & Venkatraman，2005；Wang & Zajac，2007；Kim & Finkelstein，2009）。同时公司间互补性技术的交换和合并更可能会带来探索的机会和鲜明的创新（Makri et al.，2010）。如果并购双方企业的知识基础非常近或者非常远，并购对创新的影响会截然不同。如果并购后公司研发活动是互补的，并购对创新绩效的影响会更积极（Ahuja & Katila，2001；Cassiman et al.，2005；Cloodt et al.，2006；Ornaghi，2009；Makri et al.，2010）。对于那些依靠持续创新作为竞争优势来源的公司，知识的协同效应是最重要的基础。Ahuja 和 Katila（2001）、Cloodt 等（2006）的研究发现，并购企业和目标企业的知识联系性对发明产出有曲线效应。当并购双方在技术上拥有互补性时，它们的研发效率是提高的（Cassiman et al.，2005）。Makri 等（2010）用 96 个高技术并购样本来检验技术互补性对企业并购创新绩效的影响，在研究中他们采用的样本是公开交易的美国并购企业，并且用在同一分类不同子类下的专利重合度来定义技术互补性。国内学者张峥和聂思（2016）对中国制造业上市公司 1999~2013 年的并购创新绩效实证研究也表明，相较于类似性技术和不相关性技术并购，互补性技术并购更能显著促进并购企业的创新绩效。

部分学者针对资源相似性和互补性的交互作用展开了研究。Zollo 和 Singh（2004）的研究中，所有银行并购案例都拥有高相似性，但这些案例中有些拥有高互补性，有些没有，以此来考察商业相似性会如何影响互补性和协同效应的关系。结果显示，并购企业与目标企业的相似性会促进不同种类互补性带来的不同种类协同效应。将吸收能力（Cohen & Levinthal，1990）的理论应用到商业组合的研究结果显示，以知识为基础的互补性伴随某种程度的相似性能够带来两个组织间知识的分享和传递（Lane & Lubatkin，1998；Zahra & George，2002），从而带来更多的并购后价值。Zaheer 等（2008）理论化并检验了相似性的作用，认为其在不同类型互补性和并购创新绩效中起到了调节作用。正如预期，相似性对产品互补性和收益增强协同起到了积极的调节作用。这个结果表明产品互补性在商业相似性存在的前提下更有价值，因为管理层更容易感知协作技术、产品或者操作过程中的互补性，从而增加产品供应种类以提高收入。这一发现为并购中的吸收能力理论提供了证据。国内学者的研究也涉及这一领域。陈菲琼等（2015）利用结构方程模型展开研究，结果表明并购双方的资源互补性能够促进范围经济和协同效应的产生，并能最终提高并购企业的创新绩效；资源相似性虽有利于创新，但不利于提升目标企业人员的积极性和创新效率；当资源互补性和资源相似性同时存在时，互补性能够调节相似性对并购创新绩效的负向影响。陈珧（2016）通过对中国企业和韩国企业技术获取型境外并购的实证对比研究也提出了类似的观点。尹欣（2017）则从创新网络的角度着手，分析了并购双方在不同资源关联性的情况下，并购整合程度对并购企业在创新网络中的中心性位置和结构洞位置的影响，进而对并购企业本土产业技术创新能力的影响。

三　并购整合相关研究

（一）并购整合程度

大量的经验和文献指出，并购成功既受并购前阶段的影响，又受并购后阶段的影响（Barkema & Schijven，2008；Bower，2001；Stahl & Voigt，2008）。诸如战略管理领域等仅仅关注某一并购阶段的研究视角是不完善的，因为这样做忽视了并购过程中的相互影响（Cartwright，2006；Cartwright & Cooper，2001；Haspeslagh & Jemison，1991；Larsson & Finkelstein，1999）。并购后的整合阶段往往被看作并购取得成功的决定性阶段（Haspeslagh & Jemison，1991；Stahl & Voigt，2008）。在并购后的整合阶段，企业内部已建立的操作程序和规则会被部分或全部地分解和破坏（Haspeslagh & Jemison，1991；Buono & Bowditch，2003）。因而，并购后可能出现的员工抵触心理，以及并购双方企业在融合过程中不可避免出现的文化碰撞，都会使得并购后的整合阶段面临极大的风险。但是，并购后的整合又是必不可少的，因为只有通过整合才能消除并购双方的冗余资源，对双方的资源进行有效的重组和利用（Pablo，1994；

Homburg & Bucerius，2006；Karim，2006；Cording et al.，2008）。

从 Thompson（1967）开始，"整合程度"逐渐成为并购后整合领域的重要关注点。已有的关于境外并购整合研究的文献，大多强调并购后整合程度的选择。整合程度被定义为并购后组织技术、行政和文化形态的变换程度（Pablo，1994），或者说目标方的组织功能在多大程度上集中到并购公司（Zollo & Singh，2004）。整合程度衡量的是并购双方在并购后框架的统一和巩固程度，体现在组织结构、文化、资产和管理行为等多个方面（Capron & Hulland，1999；Puranam et al.，2006；Zaheer et al.，2008）。整合程度较高，意味着目标方的绝大部分甚至全部资源和活动被整合进并购企业统一的组织框架内；而整合程度较低，意味着并购后目标方在结构和运营方面相对于并购公司保持着较高的独立性（陈珧，2016）。

整合程度对于并购企业十分重要，因为整合为协同机制和并购双方的知识传递提供了帮助，但是整合同时可能会破坏目标方原有的资源、制度以及能力，进而目标方在并购一开始最吸引并购方的能力可能会被破坏（Massimo & Larissa，2010）。因此，选择不同的整合程度会对并购结果带来两方面的影响。

一方面，整合能够促进并购的成功，有利于实现并购的协同价值（Larsson & Finkelstein，1999）。结构性整合能够提供较好的协作机制，能够带给并购双方更有效率的知识流动（Pablo，1994；Ranft & Lord，2002；Schweizer，2005；Puranam et al.，2006，2009）。通过整合，还能对资源进行重组和利用，消除并购双方的冗余资源（Pablo，1994；Homburg & Bucerius，2006；Cording et al.，2008），提升并购的价值产出。在技术获取型境外并购中，较高整合程度的并购可以通过对技术资源的重组和开发，促进并购后的价值创造，增加技术创新产出（Meyer & Altenborg，2008）。

另一方面，较高程度的整合也可能带来较多的动荡和整合成本

（Pablo，1994；Teerikangas & Very，2006）。首先，较高程度的整合会造成目标方已有知识资源和制度的较大破坏，造成作为并购获取动机的目标方能力的损失（Ranft & Lord，2002；Massimo & Larissa，2010）；其次，较高程度的整合需要并购双方较高程度的互相依赖以及同步的决策过程，会增加两个公司职能部门间的相互交流（Jemison & Sitkin，1986；Pablo，1994；Zollo & Singh，2004），这一复杂情形会增加整合路径选择的风险，对于并购方来说也增加了提高整合绩效的难度，其将面临员工的负面情绪（Chatterjee & Wernerfelt，1992）以及研发人员大量离职（Very et al.，1997）等问题；最后，较高程度的整合涉及较多不同系统部门的成本，比如人力资源、信息系统交流、会计审计以及剥离冗余业务等（Kale & Puranam，2004），整合成本的增加可能会在一定程度上对并购后的协同收益造成损害。

实证研究的结果大部分表明，为了取得并购成功，一定程度的整合是必要的（Singh & Montgomery，1987；Chatterjee & Wernerfelt，1992；Zollo & Singh，2004；Bauer & Matzler，2013）。一般认为较高程度的整合通过执行效率和市场力量，可以带来较好的资源重组和开发，继而带来价值创造（Meyer & Altenborg，2008）。

（二）目标方自主性

目标方公司领导和核心管理层留任还是被取代是并购后整合的一个重要方面（Walsh，1988；Cannella & Hambrick，1993；Zollo & Singh，2004；Zaheer et al.，2013）。并购中目标方自主性被定义为目标方管理层决定自身原有日常经营管理权力的自由度和持续性（Datta & Grant，1990；Haspeslagh & Jemison，1991；Zaheer et al.，2013）。并购整合程度与目标方自主性可以视为两个互相独立的决策选择，并不一定就是非统一的两个对立面（陈琥，2016）。有研究指出，若并购越以获取知识和技术为目标，则并购方进行结构性整合的程度就越低，且目标方自主性就越强（Puranam et al.，2006；Ranft & Lord，2002）；相反，以通过资源分享或者剥离来缩减成本为目标的并购更需要进行结构性整合而不需要目标方自主性（Datta & Grant，1990；Larsson & Finkelstein，1999；Pablo，1994）。

根据人力资源管理观（Castanias & Helfat，1991），目标方公司管理者本身就是重要的资产，保留下来是很重要的。有才能的个人拥有的隐性知识不能够"一般化和通过知识的掌握来传递"（Winter，1987），这些隐性知识是一个公司知识资产的重要组成部分。更进一步，这些知识资产还包括社会性的复杂知识，"包含个人和组织之间的特殊关系"（Badaracco，1991）。与这些观点相一致，有实证研究表明目标方管理层的留任概率和目标方公司并购前的业绩正相关（Weisbach，1988），并且他们在并购后离任往往会对并购后企业的业绩造成损害（Cannella & Hambrick，1993；Krishnan et al.，1997）。目标方管理层日常经营决策权的去除会打击其积极性，导致其非预期离任，因此如果并购的价值实现依赖目标方管理层的能力，那么就应该给予目标方自主性（至少在并购整合初期），以此来保持目标方管理层的能力（Haspeslagh & Jemison，1991；Pablo，1994；Ranft & Lord，2002；Puranam et al.，2006，2009）。如果管理层拥有重要能力，那么给予目标方自主性是很有必要的，这能保证他们的满意度从而留住他们，同时能够激励他们为实现并购目标而努力（Haspeslagh & Jemison，1991）。并购方能够通过获取和提升目标方核心管理层的独特技术能力来建立或者增强自身的竞争优势（Zollo & Singh，2004）。此外，并购后目标方自主性的缺乏，意味着对目标方已建立的规则和过程造成破坏（Puranam et al.，2009），尤其在并购方对于引入的目标方新资源并不熟悉的情况下，目标方自主性的缺乏则可能导致对目标方价值的损害（Haspeslagh & Jemison，1991；Puranam et al.，2006；Ranft & Lord，2002）。在技术获取型境外并购中，较高的目标方自主性有助于保留和提升目标方关键研发人员的生产力

（Kapoor & Lim，2007；Paruchuri et al.，2006；Puranam et al.，2006），有利于促进并购双方技术知识的传递与共享（Ranft & Lord，2002）。

另外，从公司控制权的角度来看（Jensen & Ruback，1983），替换掉能力不足或者自私的目标方管理层之后，并购方能够提高并购后的营运效率。并购后对目标方冗余资源的剥离过程，也意味着并购方不能给予目标方过高的自主性，拥有自主性的目标方雇员有可能为了维护自身利益而阻碍并购方对于资源的整合和利用（Datta & Grant，1990；Haspeslagh & Jemison，1991；Larsson & Finkelstein，1999）。在技术获取型境外并购中，如果需要将目标方的技术转移到并购方（Larsson & Finkelstein，1999；Ranft & Lord，2002），或者需要将目标方的技术与并购方的技术合并（Puranam et al.，2009），则目标方的完全自主可能不足以实现并购目标，甚至会对这一过程造成阻碍。可见目标方核心管理层是否留任是并购后整合的一个重要决定，这个决定在很大程度上影响并购后价值创造的提升程度或者合并后公司知识资产的多少（Massimo & Larissa，2010）。

（三）并购整合速度

并购整合速度是影响并购成功与否的最关键因素之一，但在以往的研究中一直缺乏关注，仅有有限的并购整合研究考虑了速度的影响（Olie，1994；Gerpott，1995；Inkpen et al.，2000；Ranft & Lord，2002；Angwin，2004；Homburg & Bucerius，2005，2006）。并购整合速度指的是从并购交易达成到取得预期的整合程度之间的时间跨度（Homburg & Bucerius，2006）。关于并购整合速度的选择，已有研究提出了不同的看法。

一方面，有学者认为快速的整合会带来更快的协同价值开发和更快的投资回报（Angwin，2004）。从行为心理学的角度来看，快速的整合能够帮助降低雇员心理的不确定性，减少员工的焦虑不安和抵触心理，从而促进潜在协同效应更快速地实现（Cannella & Hambrick，1993；Angwin，2004；Homburg & Bucerius，2005；李广明，2006；Cording et al.，2008）。在文化兼容性更高的并购环境中，雇员们能够更容易地放弃原有文化，更快地接受新文化，快速的整合更有可能实现（Jemison & Sitkin，1986；Bragado，1992；Bijlsma-Frankema，2004）。Homburg 和 Bucerius（2005，2006）实证研究了整合速度对市场和销售的影响，提出快速的整合降低了顾客心理的不确定性，因此能够提升市场相关的绩效（如市场份额、顾客忠诚度等），而这些又会反过来影响并购的成功程度。但他们的实证研究只限于对市场和销售链的整合，因此该结论可能对其他整合不具有一般性（Bauer & Matzler，2013）。李广明（2006）认为，快速整合能够避免企业客户因为未来业务不明朗而流失，从而有利于保留宝贵的客户资源。此外，在技术更新较快行业的并购中，并购整合的速度越快，越有利于实现速度经济，更快速的价值创造有利于更高的并购绩效产生。Chatterjee（2009）针对多起成功并购案例的整合过程展开研究，发现并购整合所耗费的时间越长，在并购过程中越容易出现各种问题。

另一方面，也有一些学者认为慢速的整合更为适宜（Inkpen et al.，2000；Olie，1994），这些研究结论大多通过定性分析得出。Olie（1994）认为，温和而缓慢的并购整合速度有利于缓解和减少并购双方之间的冲突。而且，由于并购双方的员工相互理解和相互学习均需要一定的时间，在某些情况下采取缓慢的并购整合要比快速的并购整合更有益，有助于并购双方员工之间建立信任感（Ranft & Lord，2002）。并购双方的协调程度直接影响并购整合速度的选择（Bragado，1992），进而影响并购协同效应的实现。在不匹配的文化环境中，整合的速度过快是十分有害的（Homburg & Bucerius，2006），缓慢的并购整合速度可以有效避免企业内部形成内围集团/外围集团的偏见（Elsass & Veiga，1994）。Inkpen 等（2000）通过对 6 家高技术企业的并购案例展开对比分析，证实了并购整合速度对并购成功与否具有决定性意义，指出缓慢的整合速度有利于提高并购成功率。

具体而言，并购企业的技术整合选择快节奏、慢节奏还是中等节奏，需要根据企业并购案例的具体情况来确定（李广明，2006）。

（四）并购整合模式

并购整合过程的复杂性引致了许多框架和类型学的发展。并购战略研究者对上述并购整合程度、并购整合速度，以及目标方自主性等整合维度展开综合分析，试图从多维度的刻画发展出不同的并购整合模式，通过整合模式的细分来反映企业并购实践，由此发展出了一系列并购后整合策略类型学（Nahavandi & Malekzadeh，1988；Siehl & Smith，1990；Haspeslagh & Jemison，1991；Mirvis & Marks，2001；Angwin，2012；Angwin & Meadows，2014）。这些研究大多是通过对并购案例的定性分析得出相关结论。

Haspeslagh 和 Jemison（1991）的研究成果通常被认为在并购整合模式研究领域中最具有代表性。他们将并购后组织匹配的需求与并购企业的战略需求相结合，强调并购双方的组织自主性与战略的相互依赖性，并在此基础上提出了三种并购整合模式。其一，保留（Preservation）。该模式下并购双方企业在战略上具有较低的相互依赖性，目标企业具有较高的自主性需要，因此在并购后需要对目标企业实施较低程度的并购整合，保留目标企业原有的业务模式，其进一步研发与生产的能力也得以保留。其二，吸收（Absorption）。该模式下并购双方企业在战略上具有较高的相互依赖性，目标企业具有较低的自主性需要，表现为并购企业对目标企业的业务进行直接吸收，将两个企业合并为一个组织单元，并将并购双方的文化、组织和运营系统等高度融合在一起。其三，共生（Symbiosis）。该模式下并购双方企业既具有高度的战略相互依赖性，各自又具有高度的组织自主性，因此在整合的过程中，有必要对并购双方相似且冗余的业务流程进行整合，但并购双方各自有利于并购战略目标实现的业务流程则需要完好保留，这种部分整合的模式表现为并购双方企业在并购后的共生共存。Haspeslagh 和 Jemison（1991）的理论框架中还提出了第四种并购后的整合模式——控制持有（Holding），即在给予目标企业较低组织相互依赖性的同时，给予其较低的自主性，但该模式没有发现实例。Haspeslagh 和 Jemison（1991）对并购整合模式的分类主要基于具有价值创造功能的相关性并购案例进行分析，具有一定的局限性。

Nahavandi 和 Malekzadeh（1988）提出的概念模型和并购整合模式分类也具有较大的影响。他们关注并购后整合阶段组织文化的调整，并据此提出了四种并购整合模式：分离（Separation），即目标企业作为一个独立的存在，保留了其企业文化和惯例的独立性；同化（Assimilation），即目标企业不再是一个独立的存在，而是被完全吸收融入并购企业的组织、文化和惯例系统中，并拥有一致的身份认同；整合（Integration），即目标企业愿意被整合融入并购企业的文化和组织结构，但亦保留自身基本的文化、价值观因子和组织系统；消亡（Deculturation），即并购双方之间的心理和文化联系完全丧失。

Angwin 和 Meadows（2014）在 Haspeslagh 和 Jemison（1991）的理论框架基础上进行了完善，除了运用聚类群组分析验证原理论框架中保留、吸收和共生这三种主要的并购整合模式，他们还证实了控制持有这种模式的存在，将其重新命名为"集中关注"（Intensive Care）。此外，Angwin 和 Meadows（2014）的研究还根据并购双方知识转移的程度和目标企业的自主性程度，在 Haspeslagh 和 Jemison（1991）的理论框架基础上提出了第五种并购整合模式，即"再定位"（Reorientation）。该整合模式对目标企业的人事变动造成的动荡较小，并不会出现大量员工离职的现象，目标企业虽然融入并购企业内部，但依然保留较大的决策权。

部分学者专门针对并购后的技术整合展开了研究，认为技术资源是高技术企业进行产品开发的关键性资产，需要经过识别、吸收、同化和应用才能创造价值（Jansen & Szulanski，2004），技术知识的整合是企业最主要的功能（Grant，1996）。Paulson 等（2001）分析了技术并购整合策略中应注意的问题，认为企业通过技术并购获得的价值中，有相当一部分体现在并购所获得的关键人才身上。保留关键人才、控制整合速度、保证整合期的资源投入是技术获取型并购整合中的关键问题（王宛秋、王淼，2009）。在以技术获取为目的的跨国并购中，企业应根据所引进技术与自身技术的差距采取不同的技术整合模式，包括技术植入模式和技术融合模式（林娟、李婷，2010）。徐雨森和张宗臣（2002）基于技术平台理论提出了企业并购中的五种技术整合模式，分别为技术平台替代模式、技术平台融合模式、技术平台促进模式、技术平台拼接模式和技术平台隔离模式。孙江明和高婷婷（2014）分析了吉利并购沃尔沃的技术整合策略，指出其在初期阶段采用的是技术共存的整合模式，后期采用的是技术融合的整合模式。

（五）并购整合能力

相较而言，针对并购整合能力的研究并不多。并购整合能力的相关研究目前还处于"黑箱"状态，其概念的界定、研究的维度、测度的指标等仍较为模糊甚至处于研究的空白，缺乏一个完整的理论研究体系（刘赫，2012）。企业资源理论是并购整合能力的理论基础，该理论将企业视为一组异质性资源的集合体，认为资源和能力是打造企业经济效益的稳固基础（Penrose，1959）。企业的成长离不开其所拥有的能力和资源，这些能力和资源既包括有形资产，也包括企业组织规范与流程、管理技能、所拥有的知识和信息等无形资产（Barney，1991）。基于资源理论的观点，企业能力观开始形成并发展。Prahalad 和 Hamel（1990）的研究认为，与随时间而磨损的实物资产不同，企业的核心能力随着应用和共享而增强，而核心能力是指公司资源，并且可由管理者再分配。Grant（1996）提出了企业知识观，明确了能力与知识的关系。在对以往关于企业内部知识的研究进行总结之后，Grant（1996）认为企业能力关键依赖所整合知识的范围。学者们对企业能力的研究经历了由资源观、能力观到知识观这样一个不断深化的演进过程，为企业并购能力的研究奠定了理论基础。

根据对并购不同性质经验的学习，可以将并购能力分为专用性并购能力和通用性并购能力，其中专用性并购能力是指在某一领域内完成某一行业或某一类型并购的能力（Schijven & Barkema，2007）。知识整合能力是在组织学习过程中运用已有知识形成新知识的能力，这种能力包括两种：获取外部知识的能力以及内部知识整合创新的能力（陈文春、袁庆宏，2009）。作为一种特殊的知识（谢学军等，2009），并购中的技术整合引起了一些学者的关注。有学者指出，技术整合能力是企业经过长期投资、学习和积累的能力，具有累积性、隐秘性和难以模仿性，是企业技术的核心竞争力（王文华等，2015）。技术整合是企业最主要的功能，技术整合能力是组织最本质的能力（Grant，1996）。有学者认为，技术整合就是知识联结（Knowledge Connection），即个人与组织之间通过一定的方式或关系实现知识共享，在知识共享与传播中，逐渐将个人知识转变为组织知识，这个过程就是知识整合（Inkpen & Dinur，1998）。

部分实证研究发现，组织的技术整合能力对并购创新绩效有显著影响（Zollo & Singh，2004），技术整合机制对企业间知识转移绩效有着显著的正向直接影响，知识整合与技术转移绩效存在显著的正相关关系（陈明、周健明，2009；陈怡安等，2009）。组织的内部及外部知识整合能力与供应链协同知识和创新知识存在正相关关系（潘文安，2012）。并购后的知识整合过程会促进知识转移，但是有时也会起到负向作用，即破坏被并购企业原有的知识机制（谢学军等，2009）。

四　技术联系性与并购整合相关研究

并购是一项复杂的活动，其成功的关键在于并购双方企业的资源能够通过合并来实现协同效应（Datta，1991）。学者们普遍承认，并购实施后有效获取双方企业的必要资源，创造社会联系和建立共识的过程困难重重（Jemison & Sitkin，1986；Ghoshal & Gratton，2002）。如果这一过程不能顺利进行，则可能会由于两个独立组织不融合而产生大量非预期的成本（Lubatkin，1983）。因此，并购必须处理好并购企业与目标企业两者之间的关系，根据并购战略的交融关系和目标企业的需要实现并购后的整合过程，以维持并购前原有的价值来源，实现并购协同效应（Haspeslagh & Jemison，1991）。并购双方企业资源的联系性是并购协同潜力的一个重要来源（Ansoff，1965；Rumelt，1974），包括相似性（Chatterjee，1986；Singh & Montgomery，1987；Seth，1990）和互补性（Ansoff，1965；Larsson & Finkelstein，1999）两个方面。但是并购双方资源的相似性和互补性自身是不会产生协同效应的，只有与恰当的并购整合决策相匹配才能实现其价值（Zaheer et al.，2008）。因此，并购企业需要根据双方资源相似性和互补性的程度和类型，选择恰当的并购整合模式（Zaheer et al.，2013）。已有关于并购双方资源联系性与并购整合之间关系的研究，大多集中在联系性与并购整合程度的匹配问题上（Pablo，1994；Massimo & Larissa，2010；Bauer & Matzler，2013；Zaheer et al.，2013）。通常而言，并购双方对战略交融关系的高度需求需要并购企业对目标企业实施高程度的整合（Postrel，2002；Zaheer et al.，2008）。

（一）技术相似性与并购整合

对相似的业务和资源进行整合，可以通过消除冗余资源及活动或者共享、转移并购双方企业的资源，获得规模经济和范围经济，实现并购协同效应，促进潜在收益的增长（Ansoff，1965；Panzar & Willig，1977；Capron & Hulland，1999；Zollo & Singh，2004；Puranam et al.，2006；Massimo & Larissa，2010）。同时，在相似性较高时，并购双方拥有相似的语言、技能、知识结构及认知结构，有利于促进知识的共享和相互学习，增加实施较高程度并购整合的可行性（Cohen & Levinthal，1990；Kogut & Zander，1992；Makri et al.，2010）。如果并购双方企业存在较高程度的相似性，并购企业的管理层对目标企业的经营业务会较为熟悉（Penrose，1959；Cohen & Levinthal，1990），同时也拥有足够的知识来实施并购（Borys & Jemison，1989；Datta & Grant，1990）。并购双方企业的高级管理团队和研发团队拥有相似的经验背景和技能，也有利于并购企业对目标企业的管理者和研究人员进行准确评估，以降低信息的不对称性，增强并购双方的相互交流，从而并购企业有能力对目标企业的技术知识和研发管理者展开必要的整合和更替，即对目标企业实施较高程度的整合（Massimo & Larissa，2010）。

此外，从并购后目标企业的自主性程度来看，由于并购企业与目标企业在经营业务和资源上存在较高程度的相似性，并购企业已经在很大程度上具有管理目标企业的业务和资源所需要的知识，在这种情况下，即使给予目标企业较高的独立性和自主性，实现较低的整合程度，也并不能获得较高的潜在收益（Zaheer et al.，2013），反而可能会因为并购后目标企业管理层对整合所需要做出的改变产生抗拒而造成效率的损失，阻碍预期的相似资源合理化，这主要源于并购后给目标企业管理层带来的控制资源的损失，以及权力和威望的损失等（Datta & Grant，1990）。因此，在并购双方存在高程度相似性时，高程度的整合不仅可行，而且十分明智（Zaheer et al.，2013）。

（二）技术互补性与并购整合

在并购双方技术呈现互补性的情况下并购企业应实施的整合程度，

学者们的观点并不一致。一方面，由于目标企业与并购企业的资源存在明显互补性特征，这些互补性资源可以给并购企业带来更多可融合的资源，因此并购企业对双方可融合的资源加以更好利用的机会也更大（Pablo，1994）。为了获得这种互补性资源所带来的价值，并购双方企业更具有联合并协调双方组织活动的必要，通过并购后的整合促进互补因素形成有效的联合方式（Penrose，1959）。因此，有必要对技术获取型并购双方实施高程度的整合以实现系统的同质化和组织结构的一致性，促进互补性资源潜在协同价值的实现（Kapoor & Lim，2007；Paruchuri et al.，2006）。另一方面，由于相较于技术相似性的情形，并购企业通过获取目标企业技术资源以获得规模经济的机会更小，对研发部门进行合理化整合的需求也相对有限，故而在该情况下技术整合过程就显得不那么重要了（Massimo & Larissa，2010）。互补性资源的价值来源于其差异性，并购双方企业能够通过各自差异性的资源和技术达到互相增加价值的目的。为了实现这一目的，存在差异性的互补性资源的存续对于协同价值的实现至关重要，完全的结构统一是不必要的甚至是有害的（Zaheer et al.，2013）。同时，由于并购双方企业之间的产品和技术相似性较低，双方企业在并购后将较难形成共同语言，对互补性资源进行融合实施高程度整合的摩擦成本将会更高，并购后整合过程中的信息不对称性和不确定性也会大大提升（Coff，2003；Graebner，2004）。并购双方企业之间较高的信息不对称性会促使并购企业选择低程度的整合，甚至可能宁可选择其他策略而放弃整合（Coff，2003）。因此，若并购双方的资源互补性较强，为了促进协同效应的实现，并购企业应实施低程度整合。

从并购后目标企业自主性程度来看，由于并购双方企业的技术具有较强的互补性，并购企业对目标企业的运营知识可能会较为缺乏（Zaheer et al.，2013），亦往往缺乏与目标企业相适应的专业技术能力。在这种情况下，目标企业的高级管理者尤其是研发管理者成为极具价值的资源（Krishnan et al.，1997），为了使得这些资源得以顺利保留，即确保其在并购后成功留任，并购企业往往赋予目标企业较高的独立性和自主性，以弥补并购企业相应技术知识的不足（Walsh，1989；Zaheer et al.，2013）。

五　现有文献评述

从国内外研究现状来看，关于技术联系性、并购整合与并购创新绩效的理论和实证研究已取得了丰硕的成果，但依然存在一些尚待解决的问题。

第一，现有针对并购整合的研究大多是通用性研究，较少有针对并购技术整合的专门性研究，对于技术整合的内涵和构成维度，以及各维度的具体构成，尚未有一个统一的理论框架。

第二，目前针对并购整合的研究，大多集中在并购整合程度、目标方自主性、并购整合速度、并购整合模式等方面，针对并购整合能力尤其是技术整合能力的直接研究较为缺乏。并购后的技术整合主要是针对知识的整合，现有研究大多围绕知识整合能力展开。对技术获取型境外并购技术整合能力的构成维度进行探讨，探析其对并购创新绩效的不同作用机制，仍有待进一步研究的空间。

第三，已有研究对资源联系性与并购后整合策略的匹配性选择给予了较多关注，但尚未有研究关注到技术整合能力在并购前阶段的决策指导意义。

第四，技术整合对技术联系性和并购创新绩效之间关系的调节作用有待进一步探讨，关于技术整合能力和技术整合模式的调节作用缺乏相关实证和案例研究。

第三章

技术获取型境外并购探索性案例研究

一 三一重工并购德国普茨迈斯特

(一) 并购背景

三一重工股份有限公司由三一集团投资创建于 1994 年，原总部坐落于长沙经济技术开发区，是以"工程"为主题的装备制造企业，主要从事工程机械的研发、制造、销售。三一重工的产品包括混凝土机械、挖掘机械、起重机械、筑路机械、桩工机械、风电设备、港口机械、石油装备、煤炭设备、精密机床等全系列产品，主导产品有混凝土输送泵、混凝土输送泵车、混凝土搅拌站、沥青搅拌站、履带起重机、汽车起重机、旋挖钻机、压路机、摊铺机、平地机等。其中三一挖掘机械、桩工机械、履带起重机械、移动港口机械、路面机械、煤炭掘进机械为中国品牌；混凝土机械为全球品牌。在全球，三一集团建有 30 个海外子公司，业务覆盖 150 个国家，产品出口到 110 多个国家和地区。并购发生前，截至 2011 年 12 月 31 日，三一重工总资产为 513.07 亿元，净资产为 196.63 亿元，净资产收益率达 55.96%。其中，泵送事业部成为三一重工首个销售额突破 300 亿元规模的事业部，进一步巩固了三一重工"世界最大混凝土机械制造商"的龙头地位，泵车产量居世界首位；当年挖掘机市场占有率亦跃居国内市场第一。2011年7月1日，三一重工以215.84亿美元的市值首次入围英国《金融时报》"全球500强"，列第431位，成为中国机械行业首家进入世界500强的企业。2012年9月，根据世界品牌实验室和世界经理人集团共同编制和发布的2012年"亚洲品牌500强"排行榜，三一重工居第36位，较2011年上升12位，名列中国工程机械行业第一，并荣获"亚洲十大最具影响力品牌奖"。2013年4月，国际权威媒体 *International Construction*（《国际建设》杂志）发布的全球工程机械行业排名中，三一重工蝉联中国工程机械企业第一，全球排名由第6位上升至第5位。

德国普茨迈斯特控股有限公司是混凝土机械行业的全球第一品牌制造商，于1958年由 Karl Schlecht 先生建立，为一家拥有全球销售网络的集团公司，总部设在德国斯图加特附近。普茨迈斯特集团开发、生产和销售各类混凝土输送泵、工业泵及其辅助设备，这些设备主要用于搅拌和输送水泥、砂浆、脱水污泥、固体废物和替代燃料等黏稠性大的物质。普茨迈斯特的产品包括安装于拖车或卡车上的各种混凝土泵、拌浆机，用于隧道建设和煤矿工业的特种泵以及最新研制的机械手装置等。普茨迈斯特先后在英国、法国、意大利、西班牙、南非、日本、韩国、中国等13个国家建立了子公司，在世界范围内建立起以德国、美国和中国三点为支撑的全球化生产网络，其销售和服务网络遍布世界各地。1995年12月12日，普茨迈斯特在中国上海松江工业区独资成立普茨迈斯特机械（上海）有限公司，将其作为中国和亚太地区的管理、生产、销售和售后服务中心，将最先进的技术、最优质的服务带入中国。普茨迈斯特机械（上海）有限公司主要生产各类混凝土泵车和拖式泵，产品涉及泵车、拖泵、灰浆机、工业泵、隧道施工喷浆机、车载伸缩式皮带输送机、固定式布料杆等。有着"大象"之称的普茨迈斯特是中国以外的全球混凝土机械制造行业第一品牌，在除中国以外的全球市场中处于绝对领先地位，全球市场占有率长期高达40%，而且90%以上的销售收入来自海外。因为专注于细分市场，在大约半个世纪的时间里，普茨迈斯特一直保持着稳健但并不算迅猛的成长速度。普茨迈斯特创造并一直保持着液压柱塞泵领域的多项世界纪录，包括排量、输送距离、扬程、产品的种类、可输送物料的多样性等。目前，在全球的最高建筑——阿联酋的迪拜塔，普茨迈斯特已经创造了 603 米的混凝土输送高度世界纪录。

中国工程机械行业经过数十年的发展，业已进入高速发展时期，国内工程机械市场趋于饱和，竞争日益激烈，因此，三一重工面临经营战略的调整，越来越重视海外市场的开拓。而拥有完整的全球销售网络和销售体系、良好产品口碑和稳定消费群体的德国普茨迈斯特，正是三一重工所垂涎的目标。2008 年的金融危机给普茨迈斯特带来危机，其当年营业收入仅为 4.5 亿欧元，比 2007 年的 10 亿欧元下降了一半多，公司成立 50 年来第一次出现了亏损，而在金融危机的影响下，接下来的几年普茨迈斯特的业绩回升缓慢，现金流也逐渐出现了问题。同时，普茨迈斯特作为家族企业，亦正面临家族后继无人的困境。在这样的背景下，2012 年 4 月 17 日，三一重工股份有限公司与德国普茨迈斯特控股有限公司在德国埃尔西塔举行新闻发布会，正式宣布前者对后者的收购已办理交割手续。双方已顺利完成了中德两国政府对并购的审批手续。三一重工和中信基金联合出资 3.6 亿欧元（其中三一重工出资 3.24 亿欧元，折合 26.54 亿元人民币），收购了普茨迈斯特 100% 的股权。这是中国工程机械企业第一次并购全球第一品牌 100% 股权，该战略性并购被誉为"中德示范性交易"。从混凝土机械行业来看，全球最大制造商与全球第一品牌制造商的叠加效应，彻底改变了行业全球竞争格局，实现了三一重工混凝土机械由中国第一品牌向世界第一品牌的跨越，确立了三一重工在全球混凝土机械行业的领导地位。

（二）并购双方的技术状况分析

1. 三一重工的技术发展状况

三一重工是科技部认定的国家创新型企业和国家重点高新技术企业。2002 年，公司技术中心被国家发改委认定为国家级企业技术中心，下设泵送机械、路面机械、起重机械、挖掘机械、桩工机械等产品研究院，分布在中国的长沙、上海、北京、昆山，以及印度马哈拉施特拉邦、美国佐治亚州、德国北威州等地，其中北京桩机、上海科技、昆山重机 3 地研究院被当地认定为省级企业技术中心。此外，三一重工共拥有 2 个国家级博士后科研工作站，并拥有湖南省工程机械物联网重点实验室、湖南省混凝土机械工程技术研究中心、江苏省履带式工程机械工程技术研究中心、江苏省高性能挖掘机工程技术研究中心、湖南省三一重工工业设计中心等一批创新平台。三一重工秉承"一切源于创新"的发展理念，每年将销售收入的 5% ~7% 用于研发。公司在长沙总部及各驻外产业园均建有现代化研发大楼，总部试验测试中心初步建成工程机械远程监控服务与故障诊断实验室、液压实验室、机电液控与仿真实验室、柴油机实验室、泵车臂架疲劳（寿命）实验室、焊接实验室、强度（应力）实验室、耐磨材料实验室、汽车底盘全自动检测线等九大实验室。

依托自身的科研开发能力和产学研合作，三一重工技术创新走在国内同行前列，成为工程机械行业获得国家级最高荣誉的企业，三次获得"国家科技进步奖"，两次荣获"国家技术发明奖"，成功研制出中国首台 37 米泵车、世界首创全液压平地机、世界最长臂架 86 米泵车、世界首创微泡沥青水泥砂浆车、被业界誉为"全球第一吊"的 3600 吨履带吊、国产最大 200 吨全液压履带挖掘机、1000 吨级汽车起重机、亚洲首台大吨位旋挖桩机等创新产品。其中，2010 年"一种混凝土输送泵的节能控制方法"和 2011 年"用于抑制混凝土泵车臂架振动的方法和装置"发明专利均获得中国专利最高奖——中国专利金奖；2012 年"混凝土泵车超长臂架技术及应用"荣获 2012 年度国家技术发明奖二等奖，是当时工程机械行业获得的国家级科技发明奖项的最高级别荣誉。2012 年并购当年，三一重工共申请专利 1553 项，授权 1484 项。截至 2012 年底，三一重工已累计申请专利 4528 项，授权 2428 项，申请量及授权量均居中国工程机械行业第一。

2. 普茨迈斯特的技术发展状况

作为一家有着辉煌历史的公司，普茨迈斯特有着历经多年建立的领先的技术优势，是世界著名的顶级混凝土施工系列设备制造商，是全球混凝土技术最好的企业。拥有顶尖技术的"德国制造"产品标签，普茨迈斯特品牌已成为高品质、创新和可靠的代名词，产品具有高质量、高成本、高价格、高毛利的特点。由于品质与技术领先，普茨迈斯特的产品主要面向全球高端市场，定价要比意大利 CIFA（2008 年被中联重科收购）等欧洲对手高很多，其中在混凝土泵的价格方面，普茨迈斯特比 CIFA 最多高出 20%，而在搅拌机械方面价差达到 13%。

普茨迈斯特在全球拥有泵车相关专利约 200 项，在发展历史上曾创造并保持多项世界纪录。早在 1971 年普茨迈斯特最早系列的"大象"C 形换向阀就在全球取得了专利；1977 年在法兰克福电信塔建设中，普茨迈斯特混凝土泵送高度创下了 310 米的世界纪录；1978 年普茨迈斯特在瑞士的圣哥达隧道创下了垂直泵送 340 米、水平泵送 600 米的世界纪录；1982 年在普茨迈斯特世界上第一台大型臂架混凝土泵车 M52（输出功率为每小时 150 立方米）问世了；1983 年又诞生了一项创新成果——"Shotcrete Buffalo"，世界上最大的混凝土喷射机；1985 年在西班牙抽水蓄能电站的建设中，普茨迈斯特再一次创造 432 米的混凝土泵送纪录；1986 年交付世界上最长 62 米的臂架泵车，至此普茨迈斯特成为世界上销售混凝土泵最多的公司；1987 年普茨迈斯特研发出配有密封装置的特殊防辐射泵车，首次呈现机械零配件数字化的新概念；1989 年普茨迈斯特 TTS 14000 高压混凝土泵在基姆湖环形下水道系统废水隧道建设中，以 1520 米的泵送距离为行业发展制定了一个新的标准；1994 年在意大利抽水蓄能电站项目中创造出垂直泵送高度 532 米的世界纪录；1997 年在法国创下了 2015 米水平泵送世界纪录；1999 年普茨迈斯特系统定制开发了输出功率为每小时 250 立方米的专门用于河道和湖泊疏通工程的活塞泵 KOS 25100；2000 年输出功率达到每小时 500 立方米的超大型号 KOS 25200 活塞泵被用于日本的污泥抽取工程项目；2001 年开发出新的 46 米 4 节臂配有单侧支撑系统的产品，在狭窄的建筑工地更为灵活，同时开发出了新的人性化布料杆控制系统——EBC，泵工只需要控制一个按钮就可以控制所有臂架的移动；2004 年，又一款新的远程控制系统——人性化泵送系统（EPS）以及双活塞大容量、油缸直径为 250 毫米的中心泵研制成功，并推出新的 62 米 6 节臂泵车；2007 年普茨迈斯特在 Bauma 上取得了德国建筑行业协会颁发的两项创新大奖，公司的创始人 Karl Schlecht 先生获得了"建筑技术与管理创新大奖"。

可见，在三一重工并购德国普茨迈斯特的案例中，并购双方企业一个是中国混凝土泵行业的领军企业，一个是海外混凝土泵行业的领先供应商，该并购行为是真正的"强强联合"。

从双方企业的技术领域来看，三一重工拥有更为宽泛的知识领域，其除了涉及混凝土行业之外，还涉及混凝土机械、挖掘机械、起重机械、筑路机械、桩工机械、风电设备、港口机械、石油装备、煤炭设备、精密机床等全系列产品。而普茨迈斯特则专注于混凝土泵细分市场，主营高端产品，在全球拥有的泵车相关专利约 200 项，在世界混凝土泵行业具有几十年立于不败的技术领先地位，其拥有的人才和不俗的研发能力使得其产品拥有良好的口碑。普茨迈斯特的混凝土泵车可以连续使用 100 小时无故障，这是以三一重工为代表的中国相关产品所无法企及的。通过并购，一方面，三一重工将 100% 获得普茨迈斯特在全球拥有的泵车相关专利，获得来自普茨迈斯特全球顶尖的质量控制、生产流程、制造技术和工艺，有助于提升自有品牌产品的制造技术、稳定性和可靠性。例如，三一重工通过应用普茨迈斯特的智能臂架技术、EBC 臂架减振技术等技术简化结构设计，可以将自身的主要生产材料——钢材耗用量降低 10%。另一方面，普茨迈斯特的产品主要是用于搅拌和输送水泥、砂浆、脱水污泥、固体废物和替代燃料等黏稠性大的物质的设备，其混凝土机械产品其实并不是很完整，并购后三一重工可帮助其延伸混凝土设备产品线，包括搅拌站、搅拌车等，迅速扩大其产业链，填补其技术和市场空白。同时，三一重工所具有的成本优势，亦有助于普茨迈斯特获得生产和技术的规模经济效应。故此，我们可以看到，在三一重工并购德国普茨迈斯特的案例中，并购双方企业的技术表现出明显的互补性。此外，从并购双方企业的技术人员方面看，通过历史的积淀，普茨迈斯特拥有一批高质量的研发人员，以及技术先进、经验颇丰的研发团队；而三一重工历来重视研发与创新活动，研发人员就有将近万人，在数量上占有绝对优势，有利于在大型研发项目上取得先机。可见，三一重工和普茨迈斯特在研发人员上同样具有较强的互补性，通过并购，可以将三一重工研发人员的数量与普茨迈斯特研发人员的质量有效结合，有利于新技术和关键技术的发展，提升研发效率和质量。

（三）并购后的技术整合

从三一重工并购德国普茨迈斯特的背景，以及双方的技术状况分析中我们可以看出，三一重工实施此次并购的关键目标之一就是获取普茨迈斯特的核心技术。三一重工与普茨迈斯特的技术具有明显的互补性，普茨迈斯特在液压系统、臂架技术、焊接等领域的国际领先技术，可以广泛运用于三一重工的其他业务，诸如挖掘机械、起重机械、筑路机械和整装工艺等，将有助于显著提升三一重工的产品质量和技术水平，降低其原材料成本。普茨迈斯特完整的全球销售网络和销售体系、良好的产品口碑以及稳定的消费群体，也有助于三一重工对国际市场的开拓。

然而，并购后技术协同效应能否实现还有赖于并购后的技术整合过程能不能有效促进并购双方技术的转移和吸收。三一重工采取了以下技术整合措施。

1. 尽可能保持普茨迈斯特的独立性

并购发生之初，三一重工的总裁唐修国就公开表示，三一重工将不会向普茨迈斯特派驻高管，即使会派，也是去学习的。唐修国明确指出，在并购后的整合过程中，三一重工会尽可能保持普茨迈斯特的独立性，在未来追求其更好的技术、更高的平台。事实上，三一重工也正是这样做的。并购完成后，三一重工并没有向普茨迈斯特安排巡视员，而是立即将普茨迈斯特的原首席执行官 Norbert Scheuch 先生聘任为公司高级副总裁兼德国普茨迈斯特控股有限公司首席执行官及三一集团董事，为其开出 60 万欧元（约合 499 万元人民币）的年薪报酬。2013 年 9 月，Norbert Scheuch 先生出于个人原因辞去公司所有职务，之后三一重工又接着聘请 Gerald Karch 博士担任公司高级副总裁兼德国普茨迈斯特控股有限公司首席执行官和技术官。而 Gerald Karch 博士自 2008 年起加入普茨迈斯特集团，一直担任常务董事兼首席技术官。在运营和日常管理等方面，并购后的普茨迈斯特享有充分的自主权，高度独立于三一重工，Norbert Scheuch 以及 Gerald Karch 作为德国普茨迈斯特控股有限公司的首席执行官，全权负责三一重工中国以外的市场，只需要向三一重工董事长梁稳根和分管混凝土机械业务的执行总裁易小刚两人汇报工作即可，三一重工对其经营决策不进行任何干涉和强迫。普茨迈斯特原有管理团队的保留，很好地保证了并购后普茨迈斯特在管理和技术发展上的延续性，保留了其原有的管理运营模式。此外，三一重工与普茨迈斯特在并购后实施双品牌战略，尽可能维护了普茨迈斯特品牌的独立性，使其继续作为独立的高端品牌存在，保证其品牌质量和信誉。在国内市场以三一重工为主打品牌，在国际市场则将三一重工原有的国际市场并入普茨迈斯特，以"大象"品牌出现，普茨迈斯特原来在中国的分支机构，其生产、经营和服务都保持不变。

2. 以尊重和共享赢得普茨迈斯特的合作意愿

并购发生后，普茨迈斯特的员工存在很大的担忧，他们在技术共享、研发团队合作以及新产品共同开发方面比较保守，担心向中国输出技术后会导致生产向中国转移，使得德国本地生产减少甚至导致工厂关闭。事实上，在三一重工公布收购普茨迈斯特的第二天，普茨迈斯特就爆发了工人罢工，原因是工人担心收购会导致大量裁员。为了打破并购后的隔膜，消除德国普茨迈斯特原有技术人员和其他员工的顾虑，激发其与三一重工的合作融合和技术共享热情，三一重工从多个方面下功夫，以期尽可能快地获取普茨迈斯特的核心技术。尽管并购使得三一重工 100% 获取普茨迈斯特在全球的约 200 项泵车相关专利，但维持并促进普茨迈斯特的研发和质量管理能力，并将其与自身技术相结合，不断通过创新提升自身的技术水平和产品质量，才是三一重工最想要的。与大部分中国企业不同，德国企业的许多创新来自工人，由他们设计并提出创新，因此，可以说普茨迈斯特的相当一部分研发能力来自其工人。因此，三一重工做出承诺，无论是普茨迈斯特还是三一重工，都绝对不会裁减任何人，这成功赢得了普茨迈斯特工人的支持，在很大程度上保证了并购后普茨迈斯特的稳定性，使得其核心技术团队和关键技术人员在并购后均没有发生重大变动，尽可能保持了普茨迈斯特原有的创新能力。三一重工对普茨迈斯特的尊重还表现在很多细节上，比如将聘任普茨迈斯特创始人 Karl Schlecht 为高级顾问的印有三一重工标志的证书挂在普茨迈斯特食堂门口，给予普茨迈斯特昔日偶像足够的尊重，博得普茨迈斯特老员工的好感；又如将三一品牌退出诸如巴西等新兴国际市场，避免其与普茨迈斯特的竞争。这种共享与退让在很好地维护了普茨迈斯特原汁原味的德国品牌发展的同时，成功赢取了普茨迈斯特员工的好感，增强了他们的信心和合作意愿。

3. 以合作交流促进对普茨迈斯特核心技术的吸收

并购完成后，三一重工将普茨迈斯特总部德国艾希塔尔设立为三一海外混凝土机械的新总部，让其作为合并后公司的全球配销中心，成为一定意义上三一国际化的总部。一方面，三一重工维持普茨迈斯特的采购策略和供应链不变，其输送泵仍采用之前供应商提供的德国设计零部件，同时利用普茨迈斯特的优质零部件来提升三一产品的质量；另一方面，三一重工亦成为普茨迈斯特的零部件供应商，向其供应部分高品质零部件，帮助普茨迈斯特大幅降低制造成本，增强全球竞争力，呈现较强的协同效应，有利于进一步保障研发投入。普茨迈斯特优秀的核心技术与多年积累的高质量研发团队是三一重工最为看重的"资产"，普茨迈斯特的制造技术有很多值得三一重工借鉴之处，无论是边、孔、缝还是焊接，都存在很多技术上的诀窍。三一重工为了获取这些先进技术和诀窍，利用成立合资项目的方式，通过频繁地轮调工程师来促进双方的技术交流。2012 年 12 月 10 日，三一重工与普茨迈斯特的技术合作项目在长沙正式启动。在项目实施中，普茨迈斯特派出的若干名技术人员频频到三一重工车间展开现场指导，协助三一团队进行产品的工艺提升及品质改善，并最终实现三一产品的技术升级，达到德国制造标准。在项目合作中，三一重工和普茨迈斯特通过完善项目组工作人员联络图，实现双方的无缝对接；项目组还通过定期召开视频会议，不断进行工作进度总结，督促产品持续改善。根据双方的并购协议，三一重工还将全面代理普茨迈斯特系列混凝土喷射设备，其混凝土喷射设备是引领国内隧道施工工艺的一款重要产品。为此，三一重工与普茨迈斯特（西班牙）组织了混凝土喷射设备销售、服务专项培训，普茨迈斯特（西班牙）销售总监 Max 亲任培训讲师，从产品性能、用途、施工工艺、售后服务技能等各方面，对三一重工在全国的各级营销服务人员进行全面、细致的培训，为产品销售提供足够的技术支撑。此外，三一重工还经常组织人员去德国普茨迈斯特参观，并派出一批研发人员常驻普茨迈斯特学习；普茨迈斯特也派驻了高级技术人员前往中国，帮助三一重工提升生产工艺与产品品质。同时，三一重工还会把德国普茨迈斯特的老工人请到中国来进行技术指导，进一步加强双方技术的共享和学习。三一重工每年研发支出总额占营业收入的比例都在5%以上，拥有近万人的研发团队，本身就具有较高的研发吸收能力和较硬的研发知识基础，通过并购后的这些协同和共享措施，可以实现三一重工研发人员数量与普茨迈斯特研发人员质量的结合，有效提高研发效率和研发能力，极大改善三一重工生产线的质量，促进国内三一重工的技术升级，以及新技术和新产品的产生。

（四）并购企业创新绩效分析

三一重工利用普茨迈斯特的先进技术，与其展开密切的技术合作，加大了对工程机械产品及关键零部件的研发创新力度，实现了泵车等主机产品升级换代，加强了油缸等核心零部件的研究开发，进一步增强了公司核心竞争优势。通过对普茨迈斯特的技术整合，三一重工在并购完成后取得了较好的创新绩效，在并购当年就取得了不菲的成绩。据三一重工年报，2012年，三一重工混凝土机械下线主机新产品7款，研发新技术8项；挖掘机械下线主机新产品3款、部件新产品2款，研发新技术4项；起重机械下线主机新产品2款，研发新技术5项；桩工机械下线主机新产品2款、部件新产品3款，研发新技术1项。2013年，三一重工陆续推出多款极具竞争力的创新产品，全年累计下线主机新产品96款、部件新产品5款，研发新技术58项。其中，三一重工与普茨迈斯特联合研制的首款混凝土泵车——C8系列混凝土臂架泵车，是并购后中德顶级科技融合首个成果。据悉，C8整合了中德科技的8项核心技术。通过全面融合德国普茨迈斯特的技术，C8采用高耐磨易损件，性能得到了大幅提升，换向次数达到29次/分钟（系统压力为12兆帕时），泵送效率最大提升25%，油耗最多下降10%。由于采用了普茨迈斯特世界领先的全自动钎焊技术，合金与基体牢牢镶嵌；专利技术的双环分体式合金结构，避免了合金崩块和漏水；眼镜板使用寿命为 5 万～8 万方，切割环使用寿命为 2 万～4 万方。同时，智能臂架系统让泵车操作更加人性简便，还可以实时监测和诊断超过 150 项故障，可有效缩短 70% 的排故时间。高耐磨易损件正是普茨迈斯特的优势所在，三一重工在其最稳定技术支撑的基础上融合普茨迈斯特的全球领先技术后，"中德混血科技"的工艺和性能得到了全面提升。此外，三一重工与普茨迈斯特较为突出的代表性合作成果还有全球首创的 A8 系列湿拌砂浆成套设备。与传统干混砂浆设备相比，A8 系列湿拌砂浆成套设备具有高效、高质、节能、环保、低成本等明显优势，全面实现砂浆机械化施工，成为引领建筑砂浆行业的"工业革命"。

从三一重工并购德国普茨迈斯特前后累计授权专利数和待授权专利数的增长情况（见图 3-1），我们可以看到，2011 年，三一重工累计授权专利数仅 944 项；到 2012 年，累计授权专利数就增长到 2428 项，当年实现的授权专利数就有 1484 项，超过并购前累计授权专利数；接下来的三年，三一重工的授权专利数一直稳步攀升，到 2015 年，其累计授权专利数已经达到 5017 项。可见，对普茨迈斯特实施并购之后，三一重工取得了较好的创新绩效。不可否认，三一重工对德国普茨迈斯特的并购，以及之后对其先进技术的整合、吸收和利用，对其创新绩效的提升功不可没。而且，并购后三一重工的专利申请数量和授权数量迅速增加，亦说明该并购在一定程度上增强了三一重工的专利保护意识。

此外，通过获取普茨迈斯特在全球的约 200 项泵车专利，引进吸收普茨迈斯特的先进制造技术，三一重工产品的生产原材料成本有效降低了。年报资料显示，2012 年，三一重工工程机械行业的原材料成本占总成本的比例为 88.12%，较 2011 年下降了 5.24 个百分点；2013 年则继续下降至 85.52%，较 2012 年下降了 2.6 个百分点。同时，并购普茨迈斯特对三一重工产品质量的提升作用亦十分明显，主要产品的精细化

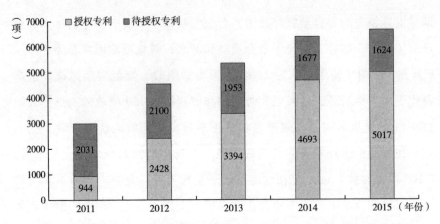

图 3 - 1　并购前后三一重工 2011 ~ 2015 年累计授权专利数和待授权专利数
资料来源：三一重工 2011 ~ 2015 年年报。

水平得以提高。2012 年，三一重工主机产品的首次故障率、早期故障率及维修换件率等均大幅下降，质量稳步提升。2012 年 11 月 24 日，中国质量协会发布包括全球知名外资品牌在内的 2012 年挖掘机行业产品平均无故障时间调查结果，三一重工挖掘机以平均 1048. 35 小时无故障的优异成绩荣登行业第一，其挖掘机竞争地位更加稳固。在 2012 年的工程机械行业上海宝马展上，三一重工产品的精细化水平获得行业专家与客户的一致好评。2013 年，三一重工继续推进五步卓越、A + 计划、质量体系交叉审核等措施，产品首次故障率、早期故障率均同比进一步下降。2013 年 11 月，三一重工荣获中国质量协会颁发的第十三届"全国质量奖"，成为工程机械行业唯一一家获此殊荣的企业。并购后三一重工获得代表顶尖技术的"德国制造"产品标签，有效促进了自己的产品从中低端品牌向高端品牌发展。

二　上工申贝并购德国 DA 公司

（一）并购背景

上工申贝是由原上海轻工系统的上工股份有限公司和上海申贝办公

机械有限公司经资产重组后建立的集团型企业。上工股份有限公司曾经是中国国内最早、规模最大、品种最多的专业生产缝制设备的大型骨干企业，也是中国缝制设备的重要出口基地。1994 年，上工实行了股份制改造，上市发行 A、B 股，成为中国缝制设备行业第一家上市公司。2004 年，按照上海市关于轻工系统分段下沉的要求，上工股份归属于浦东新区国资委，在下沉过程中，国资委又将上海申贝办公机械有限公司注入上工股份，整合重组为上工申贝集团，并在上海证券交易所 A、B 股市场上市。上工申贝集团公司总部位于上海浦东新区陆家嘴，目前共有分公司和子公司 30 余家，其中包括 15 家海外企业。

并购实施前，作为中国国内缝纫机行业历史最悠久、资产规模最大的专业生产缝制设备的老牌大型骨干企业，上工申贝拥有"上工牌"和"蝴蝶牌"两个全国驰名商标，产销量和出口量均居全国前茅。21 世纪以来，中国国内民营缝制设备企业飞速崛起，以低成本优势迅速占领低端市场，缝制设备行业重复建设和同质化发展现象十分严重，国内呈现该行业低端市场竞争越来越激烈，所需高端缝制设备又依赖进口的尴尬局面。上工申贝位于上海，与国内其他地方的企业相比，在制造成本上处于劣势，国内愈演愈烈的价格战使得上工申贝销售收入锐减，下降了一半以上，企业发展面临困境，十分被动。而在国际市场上，上工申贝研发力量薄弱，与国外同行相比产品处于中低端水平，全球市场占有率排名从未进入过前十名。与此同时，缝制设备行业产品和技术的淘汰速度也越来越快，呈现"三年一生态"的特点，即缝制设备产品的生命周期只有三年，企业如果三年内没有研发并推出新的产品，就面临被淘汰的命运。中国的缝制设备行业也开始逐渐面临从传统制造业向高技术含量和高附加值的新型产业的转变。在这样的背景下，上工申贝需要寻找新的发展出路，拓展新的发展空间，面临转型升级的迫切需要。

德国杜克普爱华股份有限公司（Dürkopp Adler AG，简称"DA 公司"）地处德国西部工业名城比勒费尔德市，拥有一百多年的悠久历史，在国际缝制设备行业中享有盛誉，是国际服装机械尖端技术的领跑者，位于该行业的技术金字塔顶端，其技术水准通常被誉为业内的"宝马""奔驰"。DA 公司在法兰克福、杜塞尔多夫和柏林三地上市交易，总股本达 820 万股，是全球缝制设备制造商中仅次于日本重机公司和兄弟公司，销售额排名第三的百年名企，至并购当年进入中国市场也已有十多年的历史。虽然 DA 公司在欧洲拥有强大的销售网络和品牌影响力，但由于只做高端产品，其在全球纺织服装行业从欧洲向亚洲转移的过程中失去先机，对亚洲市场开发乏力，市场萎缩，导致连续三年亏损。年报资料显示，DA 公司年销售收入的 80% 以上来源于欧美及德国本土市场，在亚洲的市场份额不足 10%。由于制造成本居高不下，在价格优势产品的冲击下，DA 公司的销售收入折合成人民币从 2000 年的 20 亿元下滑到 2004 年的 13 亿元，4 年内下跌了 7 亿元。DA 公司的原大股东为德国 FAG Kugelfischer AG 公司（简称"FAG 公司"），它拥有 DA 公司 94.98% 的股份，是一家以生产轴承为主的工业集团。一方面出于剥离非核心业务的战略考虑，另一方面也因为 DA 公司出现连年亏损的局面，FAG 公司考虑出让 DA 公司的股份。

在这样的背景下，迫切需要转型升级以彻底扭转自己在缝制设备行业地位的上工申贝，与意欲出让 DA 公司全部股份的 FAG 公司在经过初步沟通之后，双方一拍即合。2002 年 10 月，上工申贝（原上工股份）向中国证监会递交申请，拟增发一亿股 B 股以募集资金与上海轮胎橡胶集团共同收购德国 DA 公司的控股股权，以及利用 DA 公司的技术建设特种缝纫机项目；2004 年 10 月 29 日，上工申贝与德国 FAG 公司就收购其所持有的 DA 公司 94.98% 的股份签订了正式协议；2005 年 7 月 1 日，根据德国相关法律，上工申贝通过全资子公司上工（欧洲）控股有限责任公司，在德国西部工业城市比勒费尔德市正式受让 FAG 公司所持有的德国 DA 公司 94.98% 的股份。至此，在经历了原本的收购合作伙伴上海轮胎橡胶集团中途退出、上工股份重组成为上工申贝、上工前董事长不幸病逝等诸多变故之后，历时近三年，上工申贝终于完成了烦琐的审批程序，履行完了复杂的法律程序，正式完成了对德国 DA 公司的并购。由于并购时上工申贝缝制设备的出口额仅占 DA 公司国际贸易总量的 1/4 ~ 1/3，上工申贝对德国 DA 的并购在当时引起不小的轰动，被冠以典型的"以小吃大"。同时，该并购还是中国企业在传统产业领域发起的第一宗针对发达国家企业的协议并购，同时也是继 1990 年日本重机兼并美国友宁之后，全球缝制设备行业的第一宗跨国产权交易，两个"第一"使得该并购在当时备受关注。

（二）并购双方①的技术状况分析

1. 上工申贝的技术发展状况

并购前，上工申贝的主要产品有高速平缝、高速包缝、皮革、套结、缝包、锁眼及其他特种工业机等共十大类 21 个系列 100 多个品种。2001 年，公司的"上工牌"注册商标再次荣获上海市著名商标称号，同时，经国家工商行政管理总局批准，认定"上工图形"（工业缝纫机）商标为中国驰名商标。在国内同行中，上工申贝注重依靠科技开发新品，发展高科技、高附加值、电脑智能化缝制设备。1985 年以来，上工申贝先后引进了日本著名缝纫机制造商重机的先进产品技术及加工设备，努力使产品与国际水平接轨。经过多年努力，上工申贝的高新技术产品所占比重在 2000 年达到 50%，公司的技术中心被认定为"上海市企业技术中心"，2001 年经复审，上工申贝继续被认定为"上海市高新技术企业"。当时，上工申贝的主要产品 GC15 - 1 型高速平缝机、GJ4 - 2 型钉扣机获国家优质奖，其他 20 余种产品分别获得各类产品质量奖、科技进步奖和新产品开发奖。上工申贝全面展开 ISO 9000 质量体系贯标工作，原主体工厂上海工业缝纫机厂和上海缝纫机四厂分别于

---

① 为方便分析，此处可将双方并购前分别称为上工申贝、DA 公司。

1993 年和 1994 年获得国际权威机构 DNV 颁发的、英国政府认可的质量体系认证证书。2002 年公司又顺利地通过了 ISO 9001：2000 换版认证。

尽管在中国国内，上工申贝堪称工业用缝制设备制造行业中生产历史最久、引进国外先进技术和设备花费最多、累计产销量最大的企业，但其生产技术水平与国际同行相比仍十分落后，生产的产品属于中低端产品，主要的优势还是依赖成本。2002 年的年报资料显示，截至 2002 年末，上工申贝的工程技术人员仅占员工总数的 4.5%，大专学历及以上人数仅占 6.6%，具有各类专业技术职称的人数仅占 11.5%，而具有博士、硕士学历和高级职称的只有 16 人，聘用的海外技术专家仅有 4 名。公司对研发活动的支持力度也不够大，研发支出占营业收入的比重不足 1%。上工申贝对知识产权的保护意识也较弱，在 2002 年以前，公司竟没有申请一项专利。进入 21 世纪后，随着民营缝制设备企业飞速崛起，中国国内缝制设备低端产品市场竞争异常激烈，在激烈的价格战下，上工申贝的成本优势日渐丧失，营业收入大幅下滑，出现亏损。而自身技术水平落后使得上工申贝无论是在国际市场，还是在国内市场，都不能建立新的竞争优势，市场空间逐渐萎缩。在这种情形下，上工申贝要么放弃缝制设备制造主营业务，要么通过自身技术水平的提升完成转型升级，占领技术行业制高点，获得新的发展空间。

2. DA 公司的技术发展状况

DA 公司具有一百多年的发展历史，是国际上响当当的"百年老店"，在国际缝制设备行业中享有盛誉，是国际服装机械尖端技术的领跑者，位于该行业的技术金字塔顶端，拥有全球最顶尖的缝制设备制造水准。早在 1861 年，杜克普（Dürkopp）就自行设计出第一台缝纫机；19 世纪末，Adler 品牌就已成为国际上畅销的专业缝纫机的代名词；在魏玛共和国末期，DA 公司就开发了第一代用于纺织工业的传送设备并以此开辟了新的市场。二战结束后，在尝试开发新的业务领域如打字机和包装机械的生产后不久，DA 公司就放弃了这些业务以及家用缝纫机领域的业务，自 20 世纪 60 年代起，它一直专注于工业缝纫机和物料传送设备。DA 公司在德国本土生产的产品基本上为机电一体化产品，如由具有气动、液压等多种功能的微电子计算机控制的组合式自动缝制单元、电脑锁眼机、电脑套结机、悬挂输送和控制系统等当今国际上的新型缝制设备。故此，DA 公司有着非常丰富的技术底蕴，其在缝制设备领域仅注册专利就有 200 多项，涵盖了当今缝制机械高端技术几乎所有的领域，并在机电一体化和控制系统上具有独特的技术优势。尽管在国际缝纫机行业中，DA 公司的销售额低于日本重机公司和兄弟公司，排名世界第三，但其在品牌和技术方面仍是全球公认的领跑者。尽管 DA 公司在全球纺织服装行业从欧洲向亚洲转移的过程中出现战略上的失策导致连年亏损，但在其他没有转移的同类公司大都已经倒闭的情况下，DA 公司凭借其技术与品牌优势顽强占据行业高端产品市场存活了下来，表现出强劲的技术所赋予的生命力。

可见，在上工申贝对德国 DA 公司的并购案例中，并购双方企业一个是中国国内历史最悠久的老牌缝制设备骨干企业，一个是全球缝制设备行业的"百年老店"，是品牌和技术的领跑者，两家企业的主营业务都是缝制设备制造，在技术领域亦均专注于此，因此，并购双方企业在技术上具有极高的相似性。但与此同时，在该技术领域，并购企业与目标企业具有相当大的差距。上工申贝的生产技术水平相对落后，其生产的产品属于中低端产品，企业自身的研发水平落后，研发能力低，也较为缺乏对知识产权的保护意识；而德国 DA 公司的技术水平在缝制设备制造行业属于全球领先，制造水平一流，具有丰富的研发经验和雄厚的研发实力，并且极具创新意识，生产的产品在全球高端市场位居前列。有人甚至认为，上工申贝并购德国 DA 公司的条件并不充分，双方在技术实力上差距甚大，当时的上工申贝甚至没有足够的人才储备去消化德国 DA 公司的技术。上工申贝的此次并购能否最终取得经营和技术上的成功，在很大程度上取决于并购后上工申贝所采取的技术整合模式。

（三）并购后的技术整合

从前面的分析我们可以看到，上工申贝对德国 DA 公司的并购是迫于国内竞争压力和自身转型升级压力的背水一战，尽管并购得以成功完成，但最终取得经营和技术上的成功还存在很大的风险。一方面，上工申贝和德国 DA 公司在技术领域具有很强的相似性，尽管两者的技术水平差距较大，但上工申贝仍然具备该技术领域的知识基础，以及该行业一定的研发、生产和销售经验，并且在生产上相对于德国 DA 公司极具成本优势，并购后极有可能实现生产和研发的规模经济优势，这对于并购后上工申贝对德国 DA 公司的技术整合无疑是十分有利的条件；另一方面，上工申贝自身技术水平落后，研发力量薄弱，面对德国 DA 公司这样的行业领跑者，"以小吃大"将面临对所获取知识的吸收困难，这给并购后的技术整合带来了很大的挑战。并购开始后，上工申贝对德国 DA 公司的技术整合采取了以下措施。

1. 迅速入主德国 DA 公司，将其纳入集团战略布局加以掌控

在 2004 年 10 月 29 日签订了正式的并购协议之后，上工申贝就在德国注资 1000 万欧元，独资设立了上工（欧洲）控股有限责任公司，项目总投资达 1700 万欧元，以此作为收购德国 DA 公司的平台，以方便实施对 DA 公司的整合和管理。上工（欧洲）控股有限责任公司成立后，上工申贝立即派出两名公司高管赶赴德国，开展并购整合和管理工作。同时，上工申贝还专门成立了整合欧亚两地业务的项目协调小组，与 DA 公司的人员一起，就双方的合作生产、经营、研究开发和采购等具体事务进行大量的准备工作。为了更好地实施集团的总体发展战略，上工申贝的领导在巨大的压力之下，果断地让集团副总出任 DA 公司的财务总监，与其他德国外派人员一起，展开对 DA 公司的结构调整工作。

在迅速入主 DA 公司的同时，上工申贝也十分注重对 DA 公司原有骨干管理人员和骨干技术人员的稳定工作。上工申贝对 DA 公司采取了一系列措施，保持 DA 公司原管理团队和技术骨干的相对稳定，建立经营层的激励和约束机制，并对 DA 公司的经营目标（包括压缩库存、加快资金流转、降本扭亏等）提出了明确的要求，通过集团监事会进行系统检查和评析。上工申贝深知，并购后要成功实现上工申贝的技术升级，将 DA 公司顺利引入中国，关键在于德国员工的主动配合。为此，在上工申贝管理层的五次德国之行中，就有两次是专门为了与德国 DA 公司的管理团队以及研发团队进行沟通，甚至还与 DA 公司的中层管理人员进行了一对一的交流。

与此同时，上工申贝也明确强调，并购后上工申贝将由德国方面掌控技术研发工作，并放手让 DA 公司自己去管理，但其经营管理必须符合上工申贝的战略意图。根据上工申贝的发展战略，DA 公司在被收购后并不会出现很大的变化，其注册地不会发生改变，将作为上工申贝旗下 DA 品牌的管理中心存在，并成为整个上工申贝集团的研发中心。并购后，DA 公司部分适用于亚洲的高端产品的生产将被转移到中国，但 DA 公司仍将保持其高附加值、高装配精度要求的高端产品生产基地地位。在产品生产转移的过程中，上工申贝的这一做法遭受外界质疑，DA 公司原总裁也对产品的转移持消极态度，对于这种影响整体战略意图的人，上工申贝采取了雷霆手段，将其解职。事实上，上工申贝在并购整合过程的管理中，始终坚持绩效原则，坚持自主性底线原则，在并购后前后换了三次 DA 公司的总裁。不得不说正是上工申贝对 DA 公司这种张弛有度的整合和管理，才奠定了技术整合成功的基础。

2. 围绕总体战略布局展开全面技术整合

根据上工申贝对于并购后集团总体发展的战略布局，并购完成后上工申贝的架构将形成三个重心——德国、捷克和中国。其中德国为整个集团的研发中心，是上工申贝集团缝纫机业务全球研发的主引擎；中国为集团低成本零部件和广阔市场的提供方；而捷克则偏重于制造，主要制造生产缝纫机机头。在这一产业链上，集团的所有工厂都是其有机组成部分。围绕这一总体战略布局，上工申贝从以下三个方面展开了全面的技术整合。

首先，上工申贝为实现快速应用 DA 公司的先进技术，直接将 DA 公司的研发中心定为整个集团的研发创新中心。这一举措展现了上工申贝对德国 DA 公司研发团队的重视与尊重，显示了上工申贝在并购后将 DA 公司作为自己的一部分平等对待的态度，赢得了 DA 公司研发人员的好感，增强了他们接受领导和配合工作的意愿。事实上，DA 公司拥有缝制行业全球最顶尖的技术，拥有经验丰富、实力雄厚的研发团队，产品开发的技术十分先进，而上工申贝的研发技术水平正是其短板所在，其此次并购的主要目的之一也正是获取 DA 公司的先进技术，因此，上工申贝本着"疑人不用，用人不疑"的思想，直接将整个集团的技术研发掌控权交给德国方面，将 DA 公司完整吸收和整合，对于整个集团技术水准的提高不失为明智之举。当然，上工申贝依然掌握对 DA 公司的控制权，要求研发中心的所有活动都应配合集团的整体战略。此外，上工申贝还致力于依托 DA 公司强大的科研开发优势，努力打造以 DA 公司研发中心为主干，同时派生出捷克和上海两个分支有层次、有分工的"T 字形"研发体系，以更快、更好地利用 DA 公司的研发力量，迅速提升公司技术水准。

其次，上工申贝充分发挥中国相对于德国的低成本优势和广阔的市场优势，对 DA 公司的产品生产进行转移，并迅速吸收 DA 公司的先进技术。DA 公司在并购前连年亏损的主要原因之一就在于其居高不下的成本，因此，将 DA 公司适合亚洲市场的高端产品的制造转移到中国，使得 DA 公司的顶尖技术优势和中国的相对低成本优势相结合，可以生产出具有高性价比的一流产品。上工申贝的董事长兼首席执行官张敏曾经说过："如果把杜克普十分之一的产品引进到中国，利用我们的低成本优势进行生产，我们的技术将提高 5～8 年；如果引进一半，则可以提高 10～12 年。"根据这一战略，上工申贝于 2005 年开始在上海组建合资企业，生产 DA 品牌高端产品和上工品牌的中高端产品，同时最大限度地降低生产制造成本，以提高市场竞争力。2006 年 9 月，上工申贝和德国 DA 公司共同投资组建的杜克普爱华工业制造（上海）有限公司正式投产，成为 DA 高档品牌、高端技术与本土化低成本生产的重要基地。合资生产公司通过 DA 监制生产上工常规工缝机产品、由上工定牌生产 DA 中高档工缝机产品、全部引进 DA 技术进行生产，以及合作开发等形式实现 DA 公司产品与技术的转移。2006 年，合资生产公司的第一批四大类新机种在德国技术人员的指导下陆续问世并批量投放市场。同时，为了顺利实现 DA 高端产品与亚洲市场的对接，加快欧亚整合，最大限度地利用上工申贝、德国 DA 公司及其亚洲总代理香港远东友诚有限公司的销售网络，进一步做大德国杜克普品牌产品在中国及亚洲其他地区的市场，上工申贝还与德国 DA 公司以及香港远东友诚有限公司共同出资，组建了一家专门面向中国和亚洲其他地区销售杜克普品牌各类缝制机械设备的进出口贸易公司。

最后，上工申贝通过对 DA 公司先进技术的吸收利用，以及对本土生产和运营的整改，实现上工本土产品的技术升级。在对 DA 公司先进技术的引进和吸收上，上工申贝主要通过以下三条路径实现。第一，DA 监制生产上工高速平缝机等上工常规工缝机产品，由上工定牌生产 DA 高速包缝机、DA 直驱无油平缝机和厚料缝纫机等 DA 主要中高档工缝机产品，不仅能够显著提升上工常规产品的品质和性能，同时补充了 DA 中档产品品种，逐步实现 DA 中高端产品的中国制造；第二，以引进 DA 机电一体化先进机型为重点，大力发展高附加值和高技术含量的特种机和缝制单元，全面优化上工现有产品结构；第三，德国研发中心带动上海研发分中心，培育中国传统产业在尖端技术领域的自主研发能力，以控制系统、自动化设备和缝制工作站等尖端技术为目标，大力促进集团产业升级。为了更好地利用 DA 公司的先进技术，实现上工本土产品的技术升级，增强上工品牌的市场竞争力，上工申贝还针对本土生产和运营进行了大刀阔斧的整改，包括对以罗山路为主的工业缝纫机生产基地进行调整和整合，在上海市奉贤区的工业综合开发区内建立起适应产品需要的新的工业缝纫机生产基地，将旗下一些分公司等整合为上工缝纫机有限公司，作为集团本土产品生产和推广的基础平台；在确立高端缝制设备为公司核心主业的同时，根据"精干主业、淡出副业、进退有序、效益优先"的原则，对旗下国内部分的缝制企业实行大幅度改革与调整，剥离消耗主业精髓的小企业，对一些小企业进行清理性改制，包括将持有的上海重机缝纫机公司部分股权、上工佳荣衣车公司部分股权等予以转让；同时进行大面积裁员，2004 年和 2005 年上工申贝共计分流安置近 1500 名员工。这一系列涉及人员、产品、工艺和体制机制等的调整措施的全面实施，为上工申贝实现国内主业大幅减亏直至扭亏、实现技术的转型升级创造了条件。

（四）并购企业创新绩效分析

随着上工申贝对德国 DA 公司技术的整合，上工申贝取得了较为突出的创新绩效。经过上工申贝技术人员与德国 DA 公司缝纫机专家的研制开发，上工申贝在 2005 年中国国际缝制设备展览会上隆重推出了中德合作的四款工业缝纫机——DA7700 高速包缝机系列、GC8900 高速平缝机、DA267 双针平板缝纫机、DA281 型微油高速平缝机。其中，DA7700 高速包缝机系列是上工申贝定牌生产的德国 DA 公司技术新品，采用了多项新科技、新工艺、新材料，尤其是针对产品的密封结构和工艺做了新的改进设计，产品技术达到了当代国际同类产品的先进水平；GC8900 高速平缝机是德国 DA 公司监制的由上工申贝与 DA 公司合作开发的上工新品，在高速缝纫状态下，具有低振动、低噪声、低底线张力、全自动润滑等优良的缝纫性能；DA267 双针平板缝纫机的坚实和众所周知的德国传统机械结构早已闻名于国内外，它拥有三同步送布系统，其超长的交替压脚冲程保障了卓越的物料传送能力和极佳的攀爬能力，即使在极厚的交叉重叠位置上也如履平地，标准化的安全离合器可以有效地保护旋梭免受损毁，另外搭配适当的缝纫配件、辅助装置和工装，使得 DA267 拥有许多让人意想不到的可能性；DA281 型微油高速平缝机是上工申贝与德国 DA 公司共同开发的新品，分为无油润滑和微油润滑两个品种，采用了多种新型无油润滑的耐磨材料、直驱式电机的新型结构，具有低振动、低噪声、低底线张力等性能，线迹美观，可以杜绝油飞溅和渗油现象，避免缝料污染，适用于针织服装行业的高档服装的缝制。展览会上"上工"与"DA"两大品牌交相辉映，并蒂绽放，充分展现出"德国技术、中国制造"和"上工品牌、DA 质量"的特点，展品包括平缝、包缝、绷缝、厚料、钉扣、锁眼、套结、双针、曲折缝纫机和绣花机等各大系列共 50 余台样机，其中上工品牌 19 台，涵盖了服装和非服装几乎所有类别的专业设备，其直驱化、无油化和电脑化成为整个展会耀眼的亮点，引起了国内外同行的广泛关注。2006年，随着杜克普爱华工业制造（上海）有限公司的正式投产，这些新机种陆续问世并批量投放市场。

技术整合和双品牌战略的实施发挥出明显的并购协同效应，为上工申贝和德国 DA 公司带来双赢的局面。DA 公司 2004 年亏损约 500 万欧元，2005 年并购完成第一年就实现了盈利，2006 年净利润成倍增长，2007 年实现净利润 5984.7 万元人民币；上工申贝也在 2006 年摆脱了2005 年亏损的阴影，共实现销售收入 22 亿多元人民币，较 2005 年增长了 49.1%。2006 年，DA 公司对上工申贝集团的净利润贡献达 7209.5万元人民币，其业务占整个公司总业务的比重接近 2/3，在增加了公司收益的同时，也为上工申贝在国内开展缝制主业调整工作赢得了时间和空间。上工申贝通过对德国 DA 公司的并购，在全球工缝机市场所占份额跃居世界第三，成功跻身全球缝制设备制造行业的前三名。

　　从上工申贝并购德国 DA 公司前后，作为集团研发中心的 DA 公司①1999～2009 年专利授权数量的变化情况（见图 3-2），我们可以看到，从 2004 年并购协议正式签订以后，DA 公司的专利授权数量总体呈现显著的增长。2002 年，DA 公司的专利授权数量为 29 项，2003 年为 45 项，2004 年增长到 60 项，2005 年 DA 公司的专利授权数量达到 87 项，DA 公司在并购协议正式生效后第二年的专利授权数量比前一年增长了 45%。之后在 2006 年经历专利授权数量的短暂下降后，DA 公司 2009 年的专利授权数量高达 107 项。在专利申请的数量上，2005 年 DA 公司的专利申请数量为 91 项，2004 年为 59 项，并购后第二年比前一年专利申请数量增长了 54.24%。可见，上工申贝对德国 DA 公司完成并购后，不仅在经营绩效上取得了双赢的成绩，还通过对 DA 公司的技术整合，有效地促进了研发创新的产生，提升了整个集团的技术水平，实现了较好的并购创新绩效。

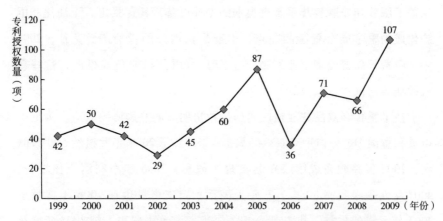

图 3-2　并购前后 DA 公司 1999～2009 年的专利授权数量
资料来源：中国国家知识产权局专利检索及分析数据库。

---

① 以公司名称"Dürkopp Adler AG"作为申请（专利权）人进行检索获得相应专利数据。由于本书所研究的上工申贝对德国 DA 公司的并购专注于缝制设备技术领域，在进行专利检索时，将 DA 公司的专利号分类限定为包括部、大类和小类的"D05B"，即纺织缝纫类。

三 探索性案例研究结果与讨论

通过对上述两个技术获取型境外并购案例——三一重工对德国普茨迈斯特的并购、上工申贝对德国 DA 公司的并购的探索性研究，我们可以得到以下研究结果及探索性假设。

第一，在三一重工对德国普茨迈斯特的并购案例中，并购双方企业的技术具有很强的互补性，而且并购双方均具有较强的研发能力，属于"强强联合"，三一重工对德国普茨迈斯特的技术具有较强的吸收和整合能力；在上工申贝对德国 DA 公司的并购案例中，并购双方企业的技术具有很强的相似性，但并购双方的技术水平差距较大，上工申贝的研发能力明显弱于德国 DA 公司，属于典型的"以小吃大"，上工申贝对德国 DA 公司的技术吸收和整合能力明显较弱。但是，在这两个案例中，并购企业在并购后都取得了较好的创新绩效。那么，并购双方企业的技术相似性程度或者互补性程度是不是会对并购企业在并购后的创新绩效产生影响呢？尤其是在并购企业对目标企业技术的吸收和整合能力强弱不同的情形下，选择技术相似性强的目标企业还是选择互补性强的目标企业实施并购，才会在更大程度上影响并购后创新绩效的实现呢？假设在这两个并购案例中，"以小吃大"的具有较弱技术吸收和整合能力的上工申贝，选择的是一家与其具有较强技术互补性的目标企业实施并购，或者"强强联合"的具有较强技术吸收和整合能力的三一重工，选择的是一家与其具有很强技术相似性的目标企业实施并购，并购后的创新绩效是不是就不会像案例中的那么如人所愿呢？故此，我们根据探索性案例的分析，提出第一个探索性假设。

探索性假设 1：并购双方企业的技术联系性会对并购后的创新绩效产生影响，当并购企业具有较强的技术吸收和整合能力时，并购技术互补性强的目标企业更有利于提升创新绩效；而技术吸收和整合能力较弱的并购企业，并购技术相似性强的目标企业更有利于并购后创新绩效的提升。

第二，在三一重工对德国普茨迈斯特的并购案例中，三一重工在并购后并没有对普茨迈斯特展开高程度的整合，而是尽可能地维护普茨迈斯特的独立性，给予对方极大的自主性，以尊重和共享赢得普茨迈斯特的合作意愿，在双方频繁和平等的合作与交流中三一重工逐步实现对普茨迈斯特核心技术的吸收；在上工申贝对德国 DA 公司的并购案例中，上工申贝在并购后迅速入主德国 DA 公司，在尽力维护其管理层和核心研发团队相对稳定的同时，将其纳入集团战略布局加以掌控，并围绕集团整体战略布局，从快速应用 DA 公司的先进技术、通过对 DA 公司的产品生产进行转移并迅速吸收 DA 公司的先进技术、针对本土生产和运营进行整改以实现上工申贝本土产品的技术升级这几方面展开了全面的、大刀阔斧的技术整合。可以看到，虽然三一重工和上工申贝在并购后对目标企业采取了截然相反的技术整合模式，但都取得了成功，实现了并购协同效应，并购后创新绩效得到进一步提升。也就是说，在这两个探索性案例中，并购企业都找到了适合自己并购特征的技术整合模式。那么，在技术获取型境外并购中，技术整合的内涵是什么，它主要包括哪些维度，主要有哪些技术整合模式？这需要我们从理论上进一步界定和明确。进一步地，哪些因素会影响并购后技术整合模式的选择？通过上述两个典型的技术获取型境外并购案例的研究，我们可以初步发现，在考虑了探索性假设 1 中技术吸收和整合能力的调节作用之后，为更好地促进并购后创新绩效的提升，并购双方的技术联系性与技术整合模式之间应该存在某种匹配关系。据此，我们提出第二个探索性假设。

探索性假设 2：在技术获取型境外并购的技术整合过程中，并购企业可以选择不同的技术整合模式，并且技术整合模式与并购双方技术联系性的匹配关系将影响并购后创新绩效的实现。

第四章

技术联系性、技术整合与境外并购
创新绩效：理论框架

　　并购后创新绩效是衡量技术获取型境外并购成功与否的重要评价指标。在诸多影响技术获取型境外并购创新绩效的因素中，并购双方企业的技术联系性以及并购后的技术整合过程，是实现并购技术协同效应，决定并购创新绩效的重要因素。本书在以往研究的基础上，致力于探析并购双方企业的技术联系性、技术整合和并购创新绩效三者之间的内在关系，并在对技术获取型境外并购技术整合的内涵及构成维度进行深入解析的基础上，分别探讨在技术并购实施前和技术并购实施后两个阶段，技术整合模式如何与技术联系性实现战略匹配，以获取最优的技术协同效应。具体而言，本书拟提出并解决如下三个关键性问题。第一，在技术获取型境外并购中，并购企业和目标企业的技术联系性（技术相似性和技术互补性）如何影响并购技术协同效应的实现？第二，在技术获取型境外并购中，技术整合的内涵及构成维度是怎样的，各维度的具体构成又是怎样的？第三，在技术获取型境外并购实施前和实施后两个阶段，技术整合模式应怎样与技术联系性形成战略匹配？在以下的分析中，我们将围绕上述三个问题展开理论分析，并提出本书的核心理论假设。

一 技术联系性与并购后创新绩效

与传统的以提升市场份额、获取规模经济和范围经济、获得新市场以及多样化等为目的的境外并购不同，技术获取型境外并购的主要目的是获取目标企业的优质技术，通过对目标企业技术知识的消化、吸收和再创造，实现并购技术协同效应，提升自身创新能力，获取可持续竞争优势。故此，对于技术获取型境外并购而言，人们更关注的是并购后技术协同效应能在多大程度上得以实现，一个主要的表现就是并购企业并购后创新绩效的提升程度。并购的战略特性，诸如技术和市场联系性、并购经验、文化匹配性及并购战略动机等，均会对并购后的创新协同潜能产生影响（Ahuja & Katila，2001；Hagedoorn & Duysters，2002；Cassiman et al.，2005；Cloodt et al.，2006；Hitt et al.，2009；Hussinger，2010；Muehlfeld et al.，2012；Bauer & Matzler，2013）。在这些因素中，并购双方企业的技术联系性对并购后企业的创新绩效有着十分重要的影响，被认为是最关键的因素（Cassiman et al.，2005；Colombo & Rabbiosi，2014）。根据已有的研究，技术联系性不仅体现在技术相似性方面，技术互补性的影响同样非常重要。在本节中，我们将分别详细分析和阐述技术相似性和技术互补性对并购后企业创新绩效的积极和消极效应，探讨效应的作用机制和路径，为接下来研究并购企业吸收能力对效应的影响做好理论铺垫。

（一）技术相似性与并购后创新绩效

在前面的研究中，我们对技术相似性给出了这样的定义：企业间的技术相似性是指它们解决的技术难题集中到一个较窄的知识领域的相似程度（Zaheer et al.，2008）。并购企业和目标企业之间的技术相似性会对并购后创新绩效产生影响（Lubatkin，1983；Singh & Montgomery，

1987；Lane & Lubatkin，1998）。

在技术获取型境外并购中，并购双方企业的技术相似性对并购后创新绩效的作用机制主要包括以下四条。

第一，实现研发的规模经济效应。并购企业与目标企业拥有相似的技术知识，就存在扩大研发规模的空间，可以通过并购后研发项目的合并实现更大的研发规模，从而实现规模经济效应（Cohen & Levinthal，1989；Roller et al.，2001；Cassiman et al.，2005）。由于研发的专业化而实现的规模经济，是通过在更多产出上分摊固定费用，以及消除生产相同产出过程中的重复投入实现的（Cassiman et al.，2005）。通过合并之前分离的研发项目与设备，并购后的企业可以扩大原先并没有达到最优的研发规模，以达到最优临界。更重要的是，可以通过减少重叠的项目和合并研发设备来消除重复资源的投入。在更多的产出上分摊固定费用，会增强并购企业对研发投资的动机，研发活动中的规模经济效应会使得企业研发活动进一步扩展。因此，并购后企业往往不太可能削减研发人员、实验室和设备，或者终止研发项目，而是更可能扩大典型研发项目的规模。技术相似性会使得并购企业将研发组织集中在特定的技术领域之中，更有可能形成聚焦的研发任务，从而缩短创新时间（Gerpott，1995；Hagedoorn & Duysters，2002）。此外，并购企业还将尝试重组研发，通过集中相似的知识和技术、重组研发团队和专业化研发任务，同时建立并行项目，获得在技术上更广泛的产品组合。这些变化会导致更多的研发产出，从而提高创新绩效。但是，由于研发规模报酬递减效应的存在，过高的技术相似性可能导致研发组织规模过大，使得研发过程中的一些不经济表现出来，给并购后创新绩效带来不利影响。

第二，促进知识的转移和吸收。相似的技术知识意味着企业共享相似的语言和认知结构，这将促进显性和隐性知识的转移（Cohen & Levinthal，1989；Lane & Lubatkin，1998）。相似的语言或者语法可以增进并购双方企业研发团队的相互理解，从而迅速将技术内部化并且合并。两个在技术领域相似的公司发生并购，并且将知识基础合并后，通常它们就会"跳同一支舞曲，使用类似的节拍"。因为它们熟悉可能要面对的技术难题的类型，并且依赖相似的科学定理来理解和解决这些难题。它们拥有相似的"了解什么"（理解特定信息领域的语意和挑战）和相似的"了解怎样"（理解这些语意和挑战是如何联系起来的）（Lubatkin et al.，2001）。在相似技术领域的经验会让研究过程更确定，更有效率。因此，技术相似性能够促进现有知识和正在探索知识的交换和组合（Nonaka et al.，1996），相似的目标企业的技术知识有利于并购企业吸收更多的知识。此外，通常来说，那些被企业所熟知的技术知识创造出来的专利具有更大的潜在价值（Fleming，2001），因此，并购企业对目标企业相似技术知识的转移和吸收能够创造更多具有效益的学习机会。此外，技术相似性对知识转移的促进作用，还在于它创造了有利于建立初始基于能力的信任感，也就是具有有利于企业信任彼此的能力（Arino et al.，2001；Doz，1996；Levin & Cross，2004；Lui，2009）。技术相似性越高，并购双方企业间会呈现越相似的知识背景，从而有效加强初始交流，建立起基于能力的信任感。

第三，降低技术知识的整合成本。仅仅吸收知识对于创新而言并不够，对知识的整合和同化对于并购后创新绩效的提升十分必要。根据Kogut 和 Zander（1992）、Grant（1996）的研究，相似的知识有利于并购企业和目标企业完成知识的整合。相似的技术知识使得并购企业更好地利用其相对吸收能力，有利于其随后的创新（Lane & Lubatkin，1998）。如果并购双方的技术知识缺少相似性，新知识的同化或应用很可能十分困难，而且需要消耗大量的资源，知识整合成本会增加（Katila & Ahuja，2002）。因此，并购企业并购拥有相似技术知识基础的公司，将缩短对其研发活动进行整合所需要的时间，所需付出的努力也将会更少，进而有利于创新绩效提升。另外，相似的技术领域也可能会导致并购双方企业间存在严重的资源冗余（Zollo & Singh，2004），解雇人员、关闭研发实验室、终止研发项目等消除重复研发投入的举措会导致组织的不稳定，增加整合的难度，一系列整合问题甚至可能影响企业的正常创新运行机制，对创新产出造成破坏，从而阻碍创新的成功。此外，整合成本和协调成本的增加可能会导致研发支出的减少（Scherer，1984）。

第四，减小学习空间，形成创新路径依赖。技术相似性在为并购企业对目标企业技术的学习过程提供持续的知识吸收能力的同时，也局限了潜在学习的范围，减少了并购企业的学习机会，不利于其探索不同的研究机会，减少了研究激励，进而形成典型的创新路径依赖。技术相似性意味着两个公司的技术人员在技术工作中对当前存在的问题和现有解决方法，以及寻找新的方法均有着类似的理解，这种知识的冗余减少了创造新知识的机会，并且不太可能产生探索性学习。因此，使用相同的技术知识元素创造的新组合是有数量上的限制的。这种观点表明知识相似性不太可能带来不同领域的发明（Fleming，2001），进而不利于并购企业创新绩效的持续提升。此外，相似的技术知识往往意味着并购双方企业拥有相似的产品及重叠的产品市场，并购所导致的技术竞争和市场竞争削弱，使得并购企业在技术市场上获得的市场力量成为主导力量，进一步强化所形成的创新路径依赖。

并购双方企业的技术相似性将会通过上述四个机制作用于技术获取型境外并购的技术协同效应的实现，最终对并购后创新绩效的影响并不是绝对的。并购企业和目标企业之间不同的技术相似程度将对并购企业的创新绩效产生积极的或消极的影响，只有当技术知识相似到足以实现研发的适度规模、实现整合成本最低、提供足够的学习机会，并且差异到足够提供新的机会和研究激励时，并购后的技术协同效应才会最大化，创新绩效才会达到最佳。基于此，我们提出本书的第一个核心理论假设。

假设 H1：并购双方企业的技术相似性与技术获取型境外并购后创新绩效之间呈现倒 U 形关系。

(二) 技术互补性与并购后创新绩效

在前面的研究中，我们对技术互补性给出了这样的定义：企业间的技术互补性是指它们解决的科技难题集中到不同的较窄的知识领域但是共享一个较为宽泛的知识领域的互补程度 (Zaheer et al.，2008)。技术互补性是技术联系性的另一个重要组成部分，是并购价值创造的潜在来源 (Penrose，1959；King et al.，2004；Puranam et al.，2006)。

在技术获取型境外并购中，并购双方企业的技术互补性对并购后创新绩效的作用机制主要包括以下三条。

第一，实现研发的范围经济效应。如果目标企业和并购企业活跃于互补的技术领域中，范围经济效应以及技术协同效应对研发投入、研发产出和研发绩效的影响将占据主导地位 (Cassiman et al.，2005)。当生产两种产品的联合成本比每一种产品的单独生产成本之和更低时，就说明该联合具有范围经济效应。充分利用不同研发项目的研发投资，在同一组织内将不同的研发项目进行结合，可以为研发创造更大的范围经济效应。并购双方企业拥有不同的但是相关的研发专业，由于它们处于相联系但是不重叠的技术领域，通过合并互补性的资源和能力，并购会让它们更多地从研发活动的范围经济中获益。一方面，当目标企业的技术与并购企业的技术具有互补性时，由于相关的成本费用能够得到更多的摊销，不同的产品可以采用相类似的资源 (Penrose，1959；Teece，1980)，互补性技术的交互作用往往可以通过成本的节约来创造价值。另一方面，在互补性技术企业之间的并购中，资源重组更为活跃 (Cassiman et al.，2005)。并购企业通过整合技术人员和设备等资源，以及创建联合研究小组等方式，对研发过程进行重组，实现不同技术领域的关键知识结合，从而在更好地利用现有技术能力的同时，接触新的研发领域（Cassiman et al.，2005）。这些变化都将带来范围经济效应，并购企业将获得更多的研发产出，并通过扩展知识尤其是培育新的技术竞争力来提高自己的研发绩效。基于研发范围经济效应开展的并购往往倾向于扩大组织在研发过程中的使命范围。

第二，创造更多更丰富的创新成果。知识的相似性减少了创造新知识的机会，但是对互补性的知识整合之后，可以增加潜在的新组合，从而增加创新成果的数量。目标企业在窄范围技术领域的聚焦点不同，使得并购企业得以利用互补性的技术，增加了并购后企业的探索研究。通过探索新的路线、新的模式以及对现有理解的挑战，可以帮助并购企业找到新颖的问题解决方法。并购企业对这些互补性知识的整合，为新的知识组合提供了更多机会，能够创造出独一无二的组合，即创新式的发明（Makri et al.，2010）。技术的互补性能够通过实验新的能力和技术来促进探索的过程（March，1991），因此，互补性技术有助于扩展并购企业技术研究的范围和视角，并通过扩大发明研究的范围创造出更丰富和更独立的发明。除了对创新效率的影响，技术互补性同样会影响企业创新的质量和新颖程度（Hall et al.，2001；Decarolis & Deeds，1999；Rosenkopf & Nerkar，2001）。再组合发明定理（Fleming，2001）认为，当双方企业拥有相似的知识基础同时拥有各自的差异时，两个企业的合并会潜在地促进高质量发明的产生（Cohen & Levinthal，1990）。互补性为技术的发展提供了基础，并对现有的技术研究范围做了延伸，同时为新技术的发展做出贡献。技术互补性会特别促进通过新能力和技术开展的实验探索过程（March，1991），进而提升技术应用，并且一旦匹配技术知识的相似性，就会显著增强创新发明的质量。此外，并购双方高程度的技术互补性，提升了并购后公司利用新信息的能力和效率，通过这种方式，共同技术的积累提高了技术研究过程的成功概率（Cyert & March，1963）。因此，技术互补性可以带来更多更丰富的创新成果。并购双方企业在技术领域的互补性对并购后创新成果的数量、质量和创新性均具有积极影响（Makri et al.，2010）。

第三，促进并购后互补性技术的整合。在对拥有互补性技术的企业实施并购后，并购企业将会更为活跃地开展资源重组和对互补性技术的整合活动（Cassiman et al.，2005）。这是因为当并购双方企业拥有技术互补性时，它们在类似的技术研究活动中共享宽泛意义上的知识领域，拥有类似的知识积累。广义上的共同知识能够帮助并购双方企业理解知识的价值，有助于在并购后促进两个企业部门更有效率地交流、协作和合作。这些条件促进了并购后企业互补性技术的整合，对创新绩效具有积极贡献。由于整合互补性的技术比整合相似性的知识领域更复杂也更具有挑战性，需要明显的投入，技术的整合成本有可能增加（Grant，1996；Katila & Ahuja，2002）。但合并两家企业不同的、能够互相增强的互补性技术，并对互补性技术进行整合，可以创造出新的产品，更快地分摊研发费用，实现更高的创新绩效（Puranam et al.，2006；Ranft & Lord，2002）。

并购双方企业的技术互补性将会通过上述三个机制作用于技术获取型境外并购的技术协同效应的实现，最终影响并购企业在技术获取型境外并购后的创新绩效。综合来看，上述三个作用机制所带来的影响都是正向的，故此，我们提出本书的第二个核心理论假设。

假设 H2：并购双方企业的技术互补性与技术获取型境外并购后创新绩效之间呈现正相关关系。

二 技术整合的维度构成

（一）技术整合的内涵

从 20 世纪 90 年代开始，国外学者就关注了技术整合的研究，人们通常认为美国哈佛商学院的 Marco Iansiti 教授最早提出并发展了技术整合的概念。从 1994 年到 1999 年的 6 年间，Iansiti 连续发表了多篇及多部关于技术整合的论文及专著，被认为是技术整合研究领域最具代表性的人物。Iansiti 提出的技术整合概念是对知识整合概念的进一步延伸（魏江、王铜安，2007）。事实上，技术整合研究与知识管理尤其是知识整合研究密不可分，两者在研究过程中相互交融、相互促进。许多技术整合或知识整合的研究并没有对两者的概念进行严格的区分，研究对象呈现技术整合与知识整合的不断变换（魏江、王铜安，2007）。由于技术是知识的一种特殊形式（Rosenberg，1982；Laudan，1984），是形成企业核心能力最重要的知识资源，这种包含与被包含的关系使得技术整合成为知识整合的一个重要构成部分，是除了企业营销知识整合、战略知识整合等以外的一种特殊知识整合。从组织知识活动的角度来看，技术整合就是对知识的整合（沈群红、封凯栋，2002），学者们在对技术整合展开研究的过程中，往往也会穿插各类知识管理和知识整合的相关理论（Iansiti，1995；Iansiti & West，1997；彭志国，2002；邓艳、雷家骕，2006）。因此，在对技术整合的概念进行研究时，不可避免地需要涉及知识管理和知识整合的研究。

对知识管理的研究源于企业战略管理学派从企业资源观向企业知识观的拓展，该学派认为企业所拥有的特定知识是企业重要的核心资产，企业对特定知识的使用方式最终决定了知识的价值，因此知识管理是企业竞争优势的重要来源（Penrose，1959；Grant，1996）。在知识管理过程中，知识整合是尤为关键的一环，其对企业的持续创新具有至关重要的作用。技术和知识本身并不能为企业创造竞争优势，创造这一优势的是整合（Grant，1996）。只有实现了知识的有效整合，企业才有可能创造出新知识（陈力、鲁若愚，2003），降低知识使用的不确定性（Boland & Tenkasi，1995），更为灵活地获取战略机会（Zahra & George，2002）。Henderson 和 Clark（1990）将产品开发所需要的知识分为组件知识

（Component Knowledge）和结构知识（Architectural Knowledge），他们认为知识整合就是在不改变企业生产产品所需要的组件知识的基础上，为了满足外部市场的需求，对产品进行创新或改良，产生新的结构知识的过程，即知识整合就是对企业已有组件知识（技术）进行重新配置形成新的结构知识，以实现新产品开发。人们通常认为 Henderson 和 Clark（1990）的这一界定是最早的知识整合概念，也是一种狭义的知识整合概念，其本质就是对产品生产技术的再配置（魏江、王铜安，2007）。

Iansiti 和 Clark（1994）进一步发展了 Henderson 和 Clark（1990）的知识整合概念，认为整合不仅仅是与新产品开发相关的技术活动，更是与企业内部技术和外部市场都有关的活动，包括内部整合与外部整合两部分。企业内部整合就是 Henderson 和 Clark（1990）所定义的与新产品开发相关的技术活动，而与外部市场相关的整合即外部整合。Iansiti（1995）在接下来的研究中明确提出并发展了技术整合的概念，强调知识的构建活动过程，认为技术整合就是在这一过程中提出、评价和优化的新颖的概念，从而为新产品的开发提供基础。随后，Iansiti 进一步发展技术整合的概念并展开深入分析，认为技术整合是一种方法，目的是为企业选择和提炼其所使用的技术，从而为新产品的开发和制造服务（Iansiti & West，1997），将技术整合的概念从单纯作用于新产品开发过程，扩展到了制造服务等企业运作过程。事实上，技术整合是一个独立的过程阶段，居于企业研究阶段和开发阶段之间，这一过程主要是针对企业选择的技术展开研究、评价和优化（Iansiti & West，1999）。因此，技术整合过程是将企业内部技术与外部市场需求进行匹配的过程，是企业战略的重要组成部分。国外其他学者也对技术整合给予了关注，在 Iansiti 研究的基础上进一步发展了技术整合概念。Fleck（1994）强调技术整合过程的核心就是技术的融合过程，这一过程有助于新的产品制造流程产生。在技术整合的过程中，不仅要求企业有恰当的创新组织行为，还需要企业拥有相应的补充资产，诸如整合的供应链和销售渠道等（Grant，1996）。因此，技术整合是一个包含技术层面、文化层面和管理层面的多层面概念（Hardaker et al.，1998）。

国内较早对企业技术整合展开研究的是傅家骥（2003，2004）教授，他指出"技术整合"是新技术在制造业中应用的第二阶段，第一阶段和第三阶段分别是"技术创新"和"规模化生产中的技术应用"，因此"技术整合"是联结"创新"和"大规模制造"的重要桥梁。傅家骥（2003，2004）对技术整合给出的定义是，综合运用相关知识，通过选择、提炼产品设计与制造技术，进而将这些设计与技术整合成合理的产品制造方案与有效的制造流程的系统化过程与方法。可见，傅家骥的技术整合概念是对 Iansiti 研究的进一步拓展，使得无论是技术整合的知识内容还是技术本身都有了更为丰富和广义的定义。与 Iansiti 关注面向产品的技术整合不同，傅家骥提出的技术整合面向的是工业生产（邓艳、雷家骕，2006）。国内其他学者的相关研究亦基于 Iansiti 研究的核心内容。余志良等（2003）强调在新技术评估和选择过程中运用系统集成的方法，认为技术整合就是将新技术和企业现有技术进行有机融合，推出新产品和新工艺的创新方法。魏江和王铜安（2007）对技术整合概念的演进进行了梳理，认为技术整合是一个对企业内部与外部各类技术资源进行甄选、转移和重构的动态循环过程，其目的是以外部市场为导向，实现企业的产品和工艺创新。

对于技术并购这一特殊情境中的技术整合，国内外学者的研究并不多。一些学者意识到在技术并购过程中，并购企业对所获取技术能力的同化并不是一件简单的工作，许多被并购的公司只是很小程度地融入并购公司，因此并没有产生技术协同效应（Sachwald，1994；UNCTAD，2000）。被并购公司难以融入并购公司的一个主要原因在于，它们带来了独立的技术与组织结构（Ivarsson & Vahlne，2002）。尤其在跨国技术并购中，国际技术传输很可能存在协调问题，从而导致更长的发展时间以及总体研究开发效率的下降（De Meyer，1992）。于成永和施建军

（2012）对技术并购中的技术整合给出了界定，认为在技术并购中，技术整合是指并购企业对外部转移来的技术知识进行加工、整理、组合和内化，使其成为自身技术知识体系有机构成部分的过程。国内外学者对技术整合的内涵研究如表4-1所示。

　　本书重点关注的是技术获取型境外并购过程中的技术整合，因此，应将技术整合的概念基于该特殊情境进行界定。基于已有研究，并结合本书的研究对象，我们认为本书的技术整合是指：在技术并购实施后，并购企业将目标企业的技术知识与自身环境进行匹配，对外部技术知识和现有技术知识资源进行重新组合和优化配置，实现技术协同效应，完成新产品、新技术开发的过程。该概念包含以下几方面的内涵。

　　第一，技术整合的对象是并购企业获取的目标企业的技术知识，并强调其与并购企业现有技术知识资源的融合。技术获取型境外并购的主要目的是获取目标企业的技术知识，并购的成功实现仅仅是第一步，接下来并购企业面临的首要问题就是识别、甄选、吸收目标企业的技术知识，并根据所获取技术知识的属性和特点，对这些外部获取的技术知识与现有的技术知识进行整合，使它们高效地有机融合在一起，这样才能避免并购可能造成的自身技术能力的分散和削弱（Zollo & Singh，2004；Puranam & Srikanth，2007），达到充分利用所获取的外部技术知识，实现技术协同效应的目的。

　　第二，技术整合的过程是对技术知识资源进行重新组合和优化配置的过程。在这一过程中，并购企业需要对所获取的目标企业的技术知识与企业原有的技术知识进行重新组合，形成新的结构知识，实现产品的功能创新或者品种改良，甚至形成新的产品和技术。与此同时，在这一过程中还包含对研发资源的优化和重新配置，诸如对冗余资源的削减、对研发项目及研发设备的合并、对研发部门的组织优化等。因此技术整合的过程包括两个方面，一是对技术知识的重组和优化过程，二是对研发资源的优化配置过程。

表 4-1　技术整合的内涵研究

序号	研究者	年份	研究观点
1	Henderson & Clark	1990	产品开发所需要的知识分为组件知识和结构知识，知识整合就是对企业已有组件知识（技术）进行重新配置形成新的结构知识，以实现新产品开发
2	Iansiti & Clark	1994	整合包括内部整合与外部整合，其中内部整合是与新产品开发相关的技术活动，外部整合是与外部市场相关的整合
3	Fleck	1994	强调技术的融合过程，认为这一过程有助于新的产品制造流程产生
4	Iansiti	1995	强调技术整合是在知识的构建活动过程中提出、评价和优化的新颖的概念，从而为新产品的开发提供基础
5	Iansiti & West	1997	技术整合是一种方法，目的是为企业选择和提炼所使用的技术，从而为新产品的开发和制造服务
6	Hardaker et al.	1998	技术整合是一个包含技术层面、文化层面和管理层面的多层面概念
7	Iansiti & West	1999	技术整合针对所选择的技术展开研究、评价和优化，是将企业内部技术与外部市场需求进行匹配的独立的过程阶段
8	傅家骥	2003，2004	技术整合是综合运用相关知识，通过选择、提炼产品设计与制造技术，进而整合成合理的产品制造方案与有效的制造流程的系统化过程与方法
9	余志良等	2003	技术整合是将新技术和企业现有技术进行有机融合，推出新产品和新工艺的创新方法
10	魏江、王铜安	2007	技术整合是一个对企业内部与外部各类技术资源进行甄选、转移和重构的动态循环过程，其目的是以外部市场为导向，实现企业的产品和工艺创新
11	于成永、施建军	2012	技术整合是并购企业对外部转移来的技术知识进行加工、整理、组合和内化，使其成为自身技术知识体系有机构成部分的过程
本书对技术整合的概念界定			在技术并购实施后，并购企业将目标企业的技术知识与自身环境进行匹配，对外部技术知识和现有技术知识资源进行重新组合和优化配置，实现技术协同效应，完成新产品、新技术开发的过程

第三，技术整合的出发点是并购企业的自身环境。无论是对目标企业技术知识进行识别、甄选、吸收，还是对所获取的目标企业技术知识与并购企业自身现有技术知识进行整合、重组和优化，整个过程的出发点都应是基于并购企业的自身环境。并购企业应根据自身的技术知识基础、吸收能力、组织架构、组织文化、发展战略等内部环境因素，选择与之相匹配的技术整合对象以及技术整合模式展开整合活动，推进技术整合的实现。

第四，技术整合的目标是实现技术协同效应，完成新产品和新技术的开发。我们的研究对技术整合目标的界定沿用 Iansiti（1995）、Iansiti 和 West（1997）的研究观点，认为技术获取型境外并购后的技术整合是面向产品的技术整合，其最终目的是通过对所获取的外部技术知识与企业现有技术知识的整合，促进技术的有效协同，实现产品和工艺创新，完成新产品和新技术开发，实现企业创新绩效的有效提升。因此，本书关注的目标是面向产品的创新绩效提升。

（二）技术整合的维度构成：技术整合能力与技术整合模式

通过对技术整合概念的探析，我们认为技术获取型境外并购中的技术整合指的是在技术并购实施后，并购企业对目标企业的技术知识与自身环境进行匹配，对外部技术知识和现有技术知识资源进行重新组合和优化配置，实现技术协同效应，完成新产品、新技术开发的过程。在已有研究中，针对技术整合过程本身进行的研究并不多，且大部分研究仅是提出了一些基本的观点，并未结合实证进一步展开深入研究。根据 Iansiti（1995）、Iansiti 和 West（1997，1999）关于技术整合的概念，我们可以看出其认为技术整合过程包含技术选择、技术评价和技术优化三个阶段。余志良等（2003）认为，技术整合过程可以简单地被视为新技术与现有技术交叉融合的过程，包括项目明细、新技术评估和选择，以及新技术与现有技术系统集成这三个阶段。魏江和王铜安（2007）的研究将技术整合过程划分为技术甄选、技术转移和技术重构三个阶段，他们认为这三个阶段的功能是彼此独立的，且这三个阶段在具体的实践过程中十分复杂，并不总是严格遵守甄选、转移和重构这样的顺序。其中技术甄选阶段包括技术预见、技术甄选和技术获取三个环节，以技术的选择为核心内容；技术转移阶段包括技术解构、技术转移和技术吸收三个环节，其核心内容为新技术的交流和流动；技术重构则是对技术进行重新构造，实现产品和工艺创新，包括技术应用、技术重构和技术评价三个环节。在国内关于技术整合过程的研究中，魏江和王铜安（2007）的研究相对而言较为系统地展现了技术整合的动态循环过程。

在本书中，我们重点考察的是技术获取型境外并购后的技术整合过程，该技术整合过程关注的是在技术并购实施后，并购企业对所获取的目标企业的技术知识资源进行重新组合和优化配置的过程。企业实施技术获取型境外并购的主要目的是获取目标企业的技术知识资源，因此并购前并购企业对并购对象的选择过程即可视为技术的预见和甄选过程，技术整合则发生在技术并购实施后。根据魏江和王铜安（2007）关于技术整合一般过程的模型，本书强调的是模型中的技术转移和技术重构两个阶段，包括对技术知识的解构、转移、吸收、应用、重构、评价等环节。我们认为，在这一过程中，并购企业具有的技术整合能力以及并购后技术整合模式的选择是决定技术整合过程成败的最为关键的两个维度。

1. 第一个维度：并购企业的技术整合能力

在技术获取型境外并购实施后，目标企业拥有的技术知识并不一定能快速地被并购企业所掌握，特别是当这些知识难以被识别或是理解这些知识需要大量的基础知识时，新技术的转移和重构过程显得尤为困难。并购企业要将所获取的目标企业的外部技术知识运用于创新并进行商业化应用，形成新技术和新产品，实现技术创新协同，还需要经过获取、吸收、转化和利用过程（Zahra & George，2002）。实现这一过程所需要的能力即技术整合能力。由于本书关注的是技术获取型境外并购后并购企业对技术知识的整合过程这一特定研究对象，并购企业的技术知识吸收能力，即识别、吸收目标企业新技术并对其进行转化和重构的能力，就显得十分关键（Cohen & Levinthal，1989，1990）。并购企业的技术整合能力主要表现为对技术知识的吸收能力。因此，我们用并购企业对技术知识的吸收能力来衡量并购企业的技术整合能力。我们认为并购企业的技术知识吸收能力是指企业实施技术获取型境外并购后，获取、吸收、转化和利用目标企业的技术知识，对所获取的技术知识和现有技术知识进行重组和优化，实现并购技术协同效应，提升自身创新能力的能力。借鉴 Lane 和 Lubatkin（1998）的研究，我们认为并购企业的技术知识吸收能力不仅来源于企业自身，还来源于并购企业与目标企业的特定关系，取决于合作伙伴企业的起初相关特征以及关系结构和知识共享路径的特定发展。根据这一理论，鉴于已有研究中"相对吸收能力"这一概念的提出（Lane & Lubatkin，1998；Schildt et al.，2012），本书将技术获取型境外并购中并购企业的技术整合能力按来源分为"绝对技术整合能力"和"相对技术整合能力"两个维度。

并购企业的绝对技术整合能力强调来源于并购企业层面的技术整合能力，即并购企业自身的技术知识吸收能力，其大小取决于并购企业的特定特征（Cohen & Levinthal，1990）。并购企业自身的技术知识吸收能力对于并购技术协同效应的实现十分关键（Cohen & Levinthal，1989，1990），具体体现在并购企业对所获取的技术知识的评价、解析、转移、吸收和利用过程中。并购企业只有首先对所获得的目标企业的技术知识进行评价和解构，将其分解成更细小的技术单元，在技术互动和融合过程中实现转移，并结合企业自身环境条件，通过技术的学习和实践对这些细小的知识与现有知识进行重构，内化为新的成果加以利用，才能够实现新产品和新技术的开发，实现并购后的技术协同效应。并购企业的绝对技术整合能力强调同化外部知识，将其与内部知识相结合并投入商业运作的技术知识重组和优化过程的重要性。外部知识的使用需要先将其在组织内部进行扩散，并将其整合到组织活动，催生出新的知识（Lane et al.，2001）。基于不同的技术知识吸收能力，只有一部分企业能够有效地对所获取的外部知识进行开发和利用（Zahra & George，2002）。具有较强技术知识吸收能力的企业有更好的创造知识、理解并解析机会的基础，能够更加有效地开发和利用显性知识（Lane et al.，2006）。现有的研究文献在很大程度上将并购企业的技术知识吸收能力视为知识基础，尤其是将其视为企业的先验知识水平（Lane et al.，2001）。企业需要有一定的相关先验知识来同化和使用新的知识，先验知识积累得越多，越有助于同化新的知识（Cohen & Levinthal，1990）。因此，拥有更高先验知识水平的企业更容易掌控目标企业的知识并促进企业内部创新活动的开展。否则，它们很难在不同的单元间进行知识的学习或转换（Szulanski，2000）。本质上，企业的先验知识有助于提升其技术知识吸收能力，帮助其了解行业、产品和顾客等目标企业所拥有的知识和信息，因而也有助于知识的同化，同时有助于在商业活动开展过程中不断创造新知识（Zahra & George，2002）。换句话说，企业需要先有一定的技术知识吸收能力，才能从其他企业开发出的技术知识中获益（Ahuja & Katila，2001；Cohen & Levinthal，1990）。

　　并购企业的相对技术整合能力强调来源于并购企业与目标企业特定关系的技术整合能力，其大小取决于目标企业的起初相关特征。具体而言，并购企业的相对技术整合能力是指获取目标企业与并购企业之间相关特征及特定关系决定的企业认知外部技术，将其同化到自身环境中，并对其进行转化和开发的能力。相对技术整合能力强调企业向某一特定伙伴学习技术知识的能力（Lane & Lubatkin，1998），即相对吸收能力。关于吸收能力的现有研究已逐渐从企业整体层面的考量转向了蕴含在学习中的路径和过程复杂性的考量（Zahra & George，2002）。Lane 和 Lubatkin（1998）最初关于相对吸收能力的文献认为，至少一部分吸收能力的组成是针对特定关系的，而非企业层面的。也就是说，企业的吸收能力会随着合作对象的不同而不同。在并购环境下，不同的相对吸收能力解释了不同并购标的下的不同并购结果。企业通过技术获取型境外并购获取并运用外部技术资源进行创新的绩效在很大程度上受到并购企业相对技术整合能力（即相对吸收能力）的影响。相对吸收能力的大小取决于目标企业的起初相关特征，主要包括相对知识基础特征（Lane & Lubatkin，1998；Zahra & George，2002）和组织方面的相对能力差异（Lichtenthaler，2008）。一方面，企业间相对知识基础规模不同，即"技术消化率"不同，将影响其知识吸收的程度（Hennart，1988）。在技术获取型境外并购中，当目标企业比并购企业拥有相对较大的知识基础规模，即并购企业的知识基础规模相对较小时，其技术消化就会变得困难（Jo et al.，2016），并购企业的相对吸收能力就较弱。另一方面，组织方面的相对能力差异也会影响并购企业的相对吸收能力（Lichtenthaler，2008）。并购企业在技术获取型境外并购完成后，需要对技术资源进行优化配置，即围绕新技术知识与原有技术知识的融合与协同，对双方企业进行组织协调，实现冗余资源削减、研发项目及研发设备合并、研发部门组织优化等过程。组织资源观认为，组织是一系列资源的捆绑体，而在这一系列资源中，技术知识是最重要的集合体，通过组织的整合能力为组织带来竞争优势（Grant，1996）。对于技术获取型境外并购而言，并购企业的相对组织能力主要体现在对所获取技术资源的组织和整合过程中。仅仅接触或者获取外部相关知识并不一定能保证并购企业将这些知识内部化。企业需要提升自己的资源组织能力，通过增加不同种类活动的搭配对新旧技术资源进行重新组合，进而从被收购企业的资源中总结并获取新知识和新应用价值（Kogut & Zander，1992；Zollo & Singh，2004）。对并购双方技术知识资源的优化配置和重组，有助于并购企业最大限度地实现研发的规模经济与范围经济，进而提高并购后的创新绩效，实现并购后的技术协同效应（Cohen & Levinthal，1989；

Roller et al.，2001；Cassiman et al.，2005）。通常情况下，大规模的企业相对于小企业具有更强的组织能力，能够更游刃有余地完成对目标企业技术知识和技术部门的整合和组织过程，表现出更强的相对吸收能力。因此，当并购企业相对目标企业的规模较小时，并购企业的相对组织能力就较弱，相对吸收能力也较弱。

对技术获取型境外并购企业技术整合能力维度的构建和完善，为后面进一步深入分析不同技术整合能力具有的调节作用奠定了基础。

2. 第二个维度：并购企业的技术整合模式

从前面的研究综述可以看到，学者们从并购整合程度、目标方自主性、并购整合速度、并购整合模式等维度对并购后的整合过程展开了研究。其中，并购战略研究者试图通过多维度的综合刻画发展出不同的并购整合模式，通过整合模式的细分来反映企业并购实践。事实上，并购整合模式的选择即包含对并购整合程度、目标方自主性、并购整合速度等策略选择的综合刻画。这也就意味着我们可以用技术整合模式这一维度来综合概括技术获取型境外并购后，并购企业在对所获取的外部技术知识与现有技术知识资源进行重新组合和优化配置的过程中，在技术整合程度、目标方自主性和技术整合速度等方面的策略选择。根据Haspeslagh 和 Jemison（1991）关于并购整合模式的研究成果，以及前文的探索性案例分析，本书将技术获取型境外并购后的技术整合模式划分为"技术保留模式"、"技术吸收模式"和"技术共生模式"三大类（见图 4 - 1）。

（1）技术保留模式

技术保留模式指技术获取型境外并购实施后，并购企业对目标企业的技术知识资源以及组织结构采取大部分甚至全部保留的策略，使目标企业在并购后依然保持较高的自主性。该模式下并购双方企业在战略上具有较低的相互依赖性，并购实施后并购企业并没有对目标企业采取过多整合，无论是管理层构成、业务模式，还是组织结构，目标企业均保

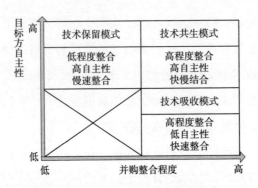

图 4-1 并购企业的技术整合模式

注：同时拥有低并购整合程度和低目标方自主性特征的技术整合模式，在现实中鲜有案例，因而在本部分对技术整合模式的理论构建中，我们不考虑该模式的存在。在后面章节的仿真分析中，为了实验数据的完备性和实验结果的可比性，我们将该模式作为虚拟模式放入仿真实验中。

留原有状态，拥有较高的自主性。这种模式很好地保留了目标企业原有的规则和程序，维护了目标企业原有关键研发人员的生产力，提高了管理人员与关键技术人员的生产积极性，将并购给目标企业带来的影响降到最低，最大限度地保持了并购后目标企业的人员稳定和结构完整。在这一模式下，并购双方企业技术知识资源的协同效应通过建立紧密的联系，以分享和共同促进的方式实现。双方在技术上更多地表现为平等合作，以联合开发、共同攻克技术难题、共同研发新产品和新技术为主要表现。在该模式下并购企业对目标企业的整合以注重保留目标企业核心技术能力和生产力，激励并促进目标企业技术资产价值提升，实现与并购企业已有技术的协同发展为目标。在这种情况下，慢速的整合有助于并购双方员工之间建立信任感（Ranft & Lord，2002），因此，该模式下并购双方技术资源的交流、共享和相互促进可以在慢速的整合过程中得以平稳实现。

（2）技术吸收模式

技术吸收模式指技术获取型境外并购实施后，并购企业对目标企业的技术知识资源采取全盘吸收的策略，基本放弃自己原有的技术，将从目标企业获取的绝大部分甚至全部资源和活动完全植入并购企业统一的组织框架内。该模式意味着并购双方企业在战略上具有高度的相互依赖性，并购企业对目标企业采取了较高程度的整合，目标企业原有的组织结构、技术要素和制度等被部分或全部地分解和破坏，并购双方企业原有的技术组织部门合二为一，目标企业仅有较低程度甚至完全丧失自主性，双方企业无论是在规则、制度、文化还是在运营体系上都表现出高度的融合。在这一过程中，目标企业的技术要素被全盘引入，并购双方企业的技术资源在统一框架下进行分解、重构、重组和优化，冗余的设备、工程和项目会被削减，研发部门也会进行结构性的调整。在该模式下并购企业对目标企业实施较高程度的整合，目标企业自主性较低，具有较强的冲击和破坏性，有可能造成目标企业核心管理人员和关键技术人员的不稳定，甚至出现人才的大量流失，因此并购企业在实施这一整合模式时，应尤其注意技术转移过程的平稳实现。由于快速的整合能够降低雇员心理的不确定性，减少员工的焦虑不安和抵触心理，从而促进潜在协同效应更快速地实现（Cannella & Hambrick，1993；Angwin，2004；Homburg & Bucerius，2005；李广明，2006；Cording et al.，2008），因此该模式下的技术整合活动往往适合以较快的整合速度进行。同时，该模式下的技术整合要注重发挥并购企业原有知识资源和优秀技术人员在新技术转移、吸收和同化过程中的能动作用。

（3）技术共生模式

技术共生模式指技术获取型境外并购实施后，并购企业对目标企业的技术知识资源采取既保留又吸收植入的策略，表现为并购后双方企业的共生共存。在该技术整合模式下，一方面，并购双方在战略上具有较强的相互依赖性，并购企业需要对目标企业的部分技术知识资源进行较高程度的整合吸收，将这部分新的技术知识植入其现有技术体系中，并对双方相似且冗余的技术设备、工程和项目进行削减，对相关研发部门展开结构性调整；另一方面，并购后双方企业又各自具有高度的经营自主性，从而较好地保留了目标企业部分关键研发资源的完整性，使其维持原有的规则和程序，目标企业原有核心管理人员和关键研发人员的生产力和生产积极性得以保留。在该技术整合模式下并购后的技术协同效应一方面通过对目标企业技术知识资源的整合吸收实现，另一方面通过并购后高目标方自主性条件下双方的技术交流、分享、合作和相互促进实现。技术共生模式可以被视为技术保留模式和技术吸收模式的结合，该技术整合模式下适用的整合速度要根据实际情况加以考虑。通常情况下，针对需要吸收植入的目标企业的技术知识资源，为了降低慢速整合带来的不确定性及减少员工的焦虑不安和抵触心理，并购企业可采用快速整合的方式进行；而对于需要保留的技术知识资源，为了建立并购双方企业的信任，促进技术知识的交流、共享和合作，并购企业可以采用构建密切联系平台的方式慢速展开。

通过以上对技术获取型境外并购后技术整合模式的划分，我们构建出了技术整合模式的类型，并对三类主要技术整合模式的内涵及特点有了较为清晰的界定，为后面分析并购双方技术联系性与技术整合模式选择的匹配机制奠定了基础。

综上所述，技术获取型境外并购中并购企业的技术整合维度构成如图 4 - 2 所示。

三　技术整合能力对技术联系性与并购后创新绩效关系的调节作用

（一）技术整合能力与并购后创新绩效

在本部分，我们将探讨并购企业技术整合能力对技术获取型境外并购后并购企业创新绩效的影响，针对技术整合能力的两个维度构成，分别探析并购企业的绝对技术整合能力和相对技术整合能力影响技术并购

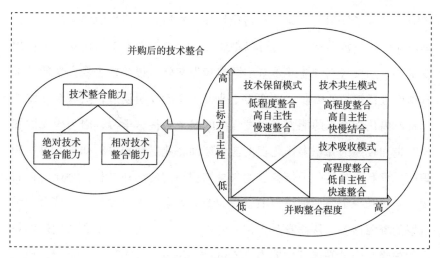

图 4-2 技术整合的维度构成

后企业创新绩效的作用机制和路径，为进一步研究并购企业技术整合能力对技术联系性与并购后创新绩效关系的调节作用做好理论铺垫。

1. 绝对技术整合能力影响并购后企业创新绩效的机制

前面的分析已经指出，本书的技术整合能力主要指并购企业对技术知识的吸收能力，绝对技术整合能力指的是来源于并购企业层面的技术知识吸收能力。先前研究已发现了大量企业层面的影响企业技术知识吸收能力的因素（Lane et al. , 2006；Todorova & Durisin，2007；Zahra & George，2002）。Schildt 等（2012）将知识的多样化看作技术知识吸收能力的一个重要决定因素，他们认为高度的技术分散化水平给了企业更快地从不熟悉的环境中识别、转移知识的能力，但这种技术分散化水平并不一定会增加并购企业从目标企业吸收知识的数量。而关注个人的研究表明，个人的经验越分散，越有利于其向相异知识领域的个人学习（Schilling et al. , 2003）。企业的知识基础越分散，其雇员越习惯于与不同技术领域的个人进行合作。其他一些研究也提出，拥有宽泛的技术基础的企业更容易与另一拥有宽泛技术基础的企业结合（Granstrand，1998；Suzuki & Kodama，2004）。Cohen 和 Levinthal（1989，1990，

1994）考察了知识的积累性和路径依赖的本质，并将先前知识基础看作学习能力的决定因素，认为可以将研发强度视为知识多样化的一个代理变量。研发投入不仅能够带来不同的知识基础，帮助企业从大量的外部资源中进行知识的吸收，还能为企业带来新的发明创造，提高企业将外部资源内化为知识的能力。研发强度的增加会促进学习，因为较大的知识存量和较高的知识多样化程度能够帮助企业了解相关的知识。对新知识的了解和同化是一个依赖企业自身知识结构的认知过程，企业对创新的开发更是一个资源依赖型的过程，企业如果加大研发投入，就会加强后期的资源储备，从而有利于这一过程。因此，研发强度会特别影响技术知识吸收中的知识开发能力（Zahra & George，2002）。拥有较多研发投入的企业，能够更好地开发技术获取型境外并购中由目标企业知识基础带来的富有挑战的技术机会，一旦在初期通过建立路径克服了识别和吸收技术知识的困难后，它们就更能够掌握发掘目标企业具有价值的知识能力所需的深层核心技术（Schildt et al.，2012），从而并购企业对目标企业技术知识的学习效应会更为明显，进而可以有效实现并购后的技术协同效应。

通过上述分析我们可以将并购企业的绝对技术整合能力对技术获取型境外并购创新绩效的影响路径归为以下两点：第一，企业拥有较高的绝对技术整合能力意味着企业的知识积累和知识基础规模越大，知识基础越多样化，学习能力就越强，越能够理解、吸收和内化外部的知识资源；第二，企业拥有较高的绝对技术整合能力意味着企业拥有较高的进一步发掘技术机会、开发深层核心技术的能力，在理解、吸收和内化所获取的外部知识资源后，能产生较为明显的知识学习效应。同时，对同一领域技术的高度聚焦和深层次发掘有助于规模经济效应的发挥，促进企业并购后学习速率的提升以及对深层核心技术的掌握，有利于创新成果的产生。因此，并购企业的绝对技术整合能力主要通过在对并购后目标企业技术知识进行吸收、学习和进一步开发过程中的作用机制，对技术获取型境外并购后并购企业的创新绩效产生影响。

2. 相对技术整合能力影响并购后企业创新绩效的机制

从前面的分析我们已经知道，并购企业的相对技术整合能力主要指来源于双方企业特定关系的技术整合能力，其大小取决于目标企业的起初相关特征，主要包括相对知识基础特征和组织方面的相对能力差异。目标企业与并购企业间相对知识基础规模的大小，以及目标企业与并购企业间相对组织能力的大小，决定了并购企业不同的相对技术整合能力，进而对技术获取型境外并购后并购企业的创新绩效产生影响。通常情况下，并购企业与目标企业间的相对知识基础规模越大，相对组织能力越强，则并购企业的相对吸收能力越强，并购企业和目标企业间的知识整合就越容易（Ranft & Lord，2002；Cloodt et al.，2006）。并购企业能够整合、消化越多的知识，对随后的创新就越会产生积极影响，并购的创新绩效就会越好。相反，如果目标企业的知识基础规模和企业规模相较并购企业更大，需要整合的新程序、新惯例和新关系，以及需要消化的目标企业的资源和技术知识的数量和复杂性均会增加（Carayannopo-ulos & Auster，2010）。因此，当目标企业的知识基础规模和组织能力相对并购企业而言较大，即并购企业的相对技术整合能力较弱时，并购企业需要较多的时间、精力和资源来吸收和整合目标企业的技术知识，从而对创新产生不利影响，并最终影响并购后创新绩效的实现，表现为较低的并购创新绩效（Kitching，1967；Cloodt et al.，2006；Paruchuri et al.，2006）。

通过上述分析我们可以知道，并购企业的相对技术整合能力主要通过在对并购后目标企业技术知识和资源的组织整合过程中的作用机制，对技术获取型境外并购后并购企业的创新绩效产生影响。尽管目标企业庞大的技术知识基础也会通过扩展并购企业知识而产生有利影响，一些企业可能会倾向于并购拥有大规模知识基础的企业，因为更多的知识会带来更多的创新（Cloodt et al.，2006），但总的来说，如果目标企业拥有相对较大规模的知识基础，并购企业虽能够获取大量技术知识，却没有足够的相对吸收能力来消化，也就是说，并购企业很难将这些知识转移、整合并加以运用获得创新产出。所以我们认为，并购企业对技术知识的相对技术整合能力主要由目标企业和并购企业间相对知识基础规模和相对组织能力决定，并购企业相对于目标企业知识基础规模越大，相对组织能力越强，其相对技术整合能力就越强，越能够对技术获取型境外并购后的技术协同产生促进作用。

在前面的机制分析中，我们已经得到了以下理论假设。①并购双方企业的技术相似性与技术获取型境外并购后创新绩效之间呈现倒 U 形关系，即当并购双方企业的技术相似性较低时，技术获取型境外并购后的创新绩效也会较低；随着并购双方企业的技术相似性不断提升，技术获取型境外并购后的创新绩效也会随之提高；但当并购双方企业的技术相似性达到一定的临界值之后再继续提升，也就是说并购双方企业的技术相似性过高时，技术获取型境外并购后的创新绩效就开始降低。②并购双方企业的技术互补性与技术获取型境外并购后创新绩效之间呈现正相关关系，即并购双方企业的技术互补性越低，技术获取型境外并购后的创新绩效就越低；随着并购双方企业技术互补性的不断增强，技术获取型境外并购后的创新绩效也不断提高。

以上理论假设都是在仅仅考虑单一因素影响的前提下提出的，也就是说，在考察并购双方技术联系性对技术获取型境外并购后创新绩效的作用时，我们并没有考虑技术整合能力对这一作用可能存在的交互影响。然而，在技术获取型境外并购中，并购企业的技术整合能力与并购双方企业的技术联系性之间可能存在不同的组合状态。那么，如果考虑并购企业技术整合能力对技术联系性与技术获取型境外并购后创新绩效的交互影响，并购企业技术整合能力的高低不同则有可能会给技术相似性、技术互补性与并购后创新绩效的关系带来改变，使得它们与并购后创新绩效之间的关系不再简单呈现倒 U 形和正相关关系。接下来，我们将分别阐述并购企业技术整合能力的高低对技术相似性、技术互补性与技术并购后企业创新绩效之间关系的调节作用，探讨其作用机制和路径，在此基础上探讨在并购企业技术整合能力高低不同情形下，与并购双方技术相似性和互补性强弱特征相匹配的创新绩效最大化组合。

（二）技术整合能力对技术相似性与并购后创新绩效关系的调节作用

并购企业的技术整合能力对技术相似性与技术获取型境外并购创新绩效之间关系的调节作用，主要通过以下两大机制进行。

第一，较高的绝对技术整合能力能够进一步促进技术知识的转移和吸收。

通过前述对绝对技术整合能力影响创新绩效的机制分析，我们知道，并购企业的绝对技术整合能力越高，即研发强度越大，就越能够在持续较高的研发投入促进下建立自身规模较大的知识基础，而较大的知识存量和较高的知识多样化程度使得并购企业拥有较强的学习能力，能较好地理解、吸收和同化从目标企业所获取的新技术和新知识。即使在目标企业的技术知识与并购企业拥有的技术知识并不属于相同领域，即双方技术相似性较低的情况下，较高的绝对技术整合能力及较强的学习能力也能帮助并购企业克服不同领域所产生的知识理解、吸收和同化障碍。

第二，较高的相对技术整合能力有利于促进技术知识的吸收与整合。

根据前述相对技术整合能力影响创新绩效的机制分析，并购企业的相对技术整合能力越高，即并购企业的知识基础相对规模越大，相对组织能力越强，并购企业的技术资源组织和整合能力就越强，技术获取型境外并购后并购企业和目标企业间技术知识的整合就越容易，从而进一步促进技术知识整合成本的降低。即使在目标企业的技术知识与并购企业拥有的技术知识并不属于相同领域，即双方技术相似性较低的情况下，较高的相对技术整合能力也能帮助并购企业克服不相似领域知识的整合困难，降低技术相似性不高可能带来的整合所需时间更长、所需付出努力更多等不利影响。有效整合有利于促进知识的同化和应用，进而有利于创新绩效的提升。

因此，当并购企业拥有较高的技术整合能力（绝对技术整合能力和相对技术整合能力）时，即使并购双方企业的技术相似性较低，知识的转移和吸收不如相似性较高情况下容易，技术知识的整合也较为困难，但并购企业强大的学习能力和整合能力足以克服这一障碍，弱化低技术相似性通过这一机制对并购后创新绩效产生的不利影响。

另外，在并购双方企业具有低技术相似性的情况下，并购企业拥有的学习机会越多，潜在的学习范围也就越大，若此时并购企业具有较高的绝对技术整合能力和相对技术整合能力，从而具有较强的学习能力和组织整合能力，就能较好地发挥其吸收能力优势，进一步促进知识的转移和吸收，降低技术知识的整合成本，强化低技术相似性带来的学习机会增加、创新路径依赖减弱的有利影响，进而通过这一机制促进并购后创新绩效的提高。相反，随着并购双方企业技术相似性的提高，学习机会减少以及创新路径依赖增强这一不利影响越来越凸显，而较高技术整合能力带来的较强的学习能力优势和组织整合能力优势则不能有效发挥出来，即在并购企业较高技术整合能力的调节作用下，技术相似性越低，并购后创新绩效越高，技术相似性越高，并购后创新绩效则越低，两者之间的关系不再是原来的倒 U 形关系，而呈现负相关关系。

基于同样的作用机制分析，当并购企业的绝对技术整合能力和相对技术整合能力较低时，其学习能力和组织整合能力并不足以克服低技术相似性带来的知识理解、吸收和整合困难，仍表现为随着技术相似性的提高，知识转移、吸收和整合过程更为容易，并购后创新绩效随之提高；当技术相似性高到一定的程度后，由于学习空间的局限以及创新路径的依赖，创新绩效随着技术相似性的继续提高开始下降，即并购双方企业的技术相似性与并购后创新绩效之间仍然呈现倒 U 形的关系。进一步地，由于在低绝对技术整合能力情况下，并购企业的学习能力较差，随着技术相似性不断提高而出现的学习空间局限、创新路径依赖等负面效应将会较早出现并占主导地位；而低相对技术整合能力通过并购后的组织和整合机制间接影响知识的吸收，对该类负面效应的调节作用并不会很明显。故此，并购企业的低绝对技术整合能力相对于低相对技术整合能力，会使得技术相似性与并购后创新绩效之间的负相关关系更快、更明显地呈现出来。

基于以上分析，结合第三章的探索性案例研究结果，我们提出本书的第三个核心理论假设。

　　假设 H3：并购企业的技术整合能力（绝对技术整合能力和相对技术整合能力）对技术相似性与并购后创新绩效之间的倒 U 形关系具有调节作用。

　　假设 H3a：当并购企业的技术整合能力（绝对技术整合能力或相对技术整合能力）较高时，技术整合能力的调节作用使得技术相似性与创新绩效之间不再呈现倒 U 形关系，而呈现负相关关系。

　　假设 H3b：当并购企业的技术整合能力（绝对技术整合能力或相对技术整合能力）较低时，技术相似性与创新绩效之间仍呈现倒 U 形关系，其中，绝对技术整合能力对两者之间倒 U 形关系的调节作用更为明显。

（三）技术整合能力对技术互补性与并购后创新绩效关系的调节作用

由前面的分析我们知道，并购企业绝对技术整合能力的影响机制主要是通过学习能力和技术开发能力直接影响对目标企业知识的转移和吸收产生作用；而并购企业的相对技术整合能力主要是通过组织和整合过程间接影响对目标企业知识的转移、吸收、整合和同化。两者虽作用机制有所不同，但对并购双方企业技术相似性与技术获取型境外并购创新绩效之间关系都具有调节作用，调节的方向和结果也基本相似。

同样的道理，并购企业绝对技术整合能力和相对技术整合能力对并购双方技术互补性与技术获取型境外并购创新绩效之间关系的调节作用，也是通过各自不同的作用机制产生的。在前面关于技术互补性的分析中，并购双方企业在窄范围技术领域的聚焦点不同，使得并购企业得以利用互补性的技术，增加了并购后企业的探索研究。并购企业通过整合技术人员和设备等资源，以及创建联合研究小组等方式，对研发过程进行重组，从而实现不同技术领域的关键知识结合，以及在更好地利用现有技术能力的同时，接触新的研发领域，实现技术互补性带来的研发范围经济效应；同时，技术互补性扩展了并购企业技术研究的范围视角，并通过扩大发明研究的范围，创造出更丰富和更独立的发明，促进并购后技术协同效应的实现，提升并购后创新绩效。在技术获取型境外并购后，并购企业的绝对技术整合能力越高，即并购企业拥有越强的学习能力和技术开发能力，就越能充分利用并购双方企业技术互补性所带来的研发范围经济效应，创造更多更丰富的创新成果。而并购企业的相对技术整合能力越高，意味着并购企业在吸收、整合和同化知识的过程中，具有越强的技术知识和资源的组织和整合能力，这对于互补性技术的整合、拓展和利用过程十分重要，有利于促进并购后技术协同效应的实现，促进创新绩效的提升。反过来，若并购企业的绝对技术整合能力和相对技术整合能力较低，当面对较高的技术互补性时，并购企业则没有足够的能力充分利用互补性的技术对目标企业的技术人员和设备等资源进行组织和整合，并通过探索、拓展新的研发领域开发出更多更丰富的创新成果，技术互补性对并购后创新绩效的促进机制就不能很好地发挥作用。

故此，结合第三章的探索性案例研究结果，我们提出本书的第四个核心理论假设。

假设 H4：并购企业的技术整合能力（绝对技术整合能力和相对技术整合能力）对技术互补性与并购后创新绩效之间的正相关关系具有调节作用。

假设 H4a：当并购企业的技术整合能力（绝对技术整合能力或相对技术整合能力）较高时，技术整合能力对技术互补性与创新绩效之间的正相关关系有明显的正向增强调节作用。

假设 H4b：当并购企业的技术整合能力（绝对技术整合能力或相对技术整合能力）较低时，技术整合能力对技术互补性与创新绩效之间的正相关关系有明显的正向削弱调节作用。

四　技术整合模式与技术联系性的匹配性选择

通过前面的机制分析，结合第三章对技术获取型境外并购案例的探索性研究结果，我们认为并购企业的技术整合能力对技术联系性与并购后创新绩效的关系具有调节作用，因此，在并购实施前阶段，并购企业可结合技术整合能力的高低不同，选择与之相匹配的具有不同技术联系性强弱特征的目标企业，以奠定实现技术获取型境外并购技术协同效应最大化的基础。而在并购实施后阶段，并购企业技术整合模式的选择也需要充分考量并购双方企业的主体特征（Haspeslagh & Jemison，1991；Capron & Hulland，1999），即并购企业应根据双方企业的技术联系性特征，选择与并购双方技术联系性属性相匹配的技术整合模式，谋求并购技术协同效应的最大化。在并购双方企业不同技术相似性和技术互补性强弱特征下，本节将对与之相匹配的技术获取型境外并购技术整合模式的选择展开分析，以实现并购后技术协同效应的最大化，构成本书核心理论假设的重要组成部分之一。

（一）技术联系性对技术整合模式选择的影响机制

并购双方企业的技术联系性影响并购后技术整合模式的选择，主要表现在对并购后技术整合程度和目标方自主性选择的影响上，其作用机制主要通过以下路径实现。

第一，并购双方企业的技术相似性越强，通过并购后的整合越容易获取研发规模经济效应。并购企业与目标企业拥有的技术知识越相似，越能够通过整合扩大研发规模，实现更大的研发活动规模，从而实现规模经济效应。通过较高程度的整合，诸如对并购前各自分离的研发项目和设备进行合并、共享研发设备、对重叠的项目进行削减等，可以消除双方原来在共同产出上的重复资源投入，在更多的产出上分摊研发的固定费用，从而降低并购后单位产品的生产成本，精简技术人员和管理人员的投入，实现研发的规模经济效应。规模经济效应的有效发挥，还提高了并购企业在并购后拥有更多的资金用于产品研发的可能。在双方技术相似性较强的情况下，通过较高程度的整合可以将双方原有技术资源集中于特定的技术领域之中对研发过程进行重组，集中相似技术知识，重组研发团队和进行专业化研发，形成聚焦的研发任务，使得规模经济效应得到进一步发挥，提升并购企业在技术获取型境外并购后的创新绩效。

第二，并购双方企业的技术相似性越强，并购后的整合过程越容易，技术知识的整合成本亦会越低。并购双方企业相似的技术知识意味着彼此拥有相似的语言和认知结构，双方研发团队在进行初始交流时更容易，更有利于建立基于能力的信任感，从而使得并购后的整合阻力更小，整合成本和管理协调成本亦会相应降低。相似的技术知识使得并购企业能够更好地吸收、同化和应用目标企业的技术，在对双方相似的项目与研发设备进行整合的过程中，拥有更强的理解力和控制能力，尽可能缩短研发活动整合所需耗费的时间和减少资源消耗，更具有保留目标企业原有核心技术的能力。因此，并购双方企业技术相似性越强，并购企业越有能力对目标企业的技术知识展开较高程度的整合。

第三，并购双方企业的技术互补性越强，并购整合过程越困难，整合成本也将会越高。相对于整合相似性强的技术知识，并购企业在整合互补性强的技术知识过程中，可能面临更为频繁的摩擦和冲突。从技术互补性的概念上来说，并购双方企业的技术具有较高互补性意味着双方企业的技术知识虽共享一个较为宽泛的知识领域，但在较窄的知识领域中具有较大的差异性，而这种差异性会带来比相似性更强的碰撞和融合，使得在并购后的整合过程中可能出现更多更尖锐的排斥，面临更多的困难。在这种情况下，整合与合并的过程相对较为复杂，实施较高程度的整合可能需要较多的时间以及较为复杂的整合管理上的协调，导致整合成本的增加。

第四，并购双方企业的技术相似性越强，给高目标方自主性带来的损害可能越大。已有研究显示，在技术获取型境外并购中，如果需要将目标方的技术转移到并购方，或者需要将其与并购方的技术合并，则目标方的完全自主可能不足以实现并购目标，甚至会对这一过程造成阻碍（Larsson & Finkelstein，1999；Ranft & Lord，2002；Puranam et al.，2009）。当并购双方企业的技术相似性较高时，双方企业在战略上往往具有较高的相互依赖性，并购企业对目标企业进行并购的目的就是全盘吸收、同化其所拥有的技术，因此在并购后有必要对并购双方企业的技术资源在统一框架下进行分解、重构、重组和优化，削减冗余设备、工程和项目。在这一过程中，目标企业的管理人员和技术人员可能会对并购带来的改变产生抗拒心理，出于维护自身利益、控制资源权力和威望的私心，在整体利益与私人利益出现冲突时，他们可能会在并购后的整合过程中制造障碍，阻碍并购后双方技术资源的流动，降低双方企业的沟通效率，使得管理难度增大，并购企业对技术知识的吸收变得困难，造成效率损失。在这种情形下，较高的目标方自主性的损害表现得更为突出，会给并购后技术协同效应的实现带来不利影响。

第五，当并购双方企业拥有较高的技术相似性时，并购企业有能力替换掉能力不足或者自私的目标企业管理层，当面对技术人才流失的困境时，亦更有能力应对。并购企业与目标企业拥有相似的技术知识，意味着并购企业拥有与目标企业相似的知识基础，而相似的语言和认知结构使得并购企业在对目标企业的技术知识进行吸收和同化的过程中，更容易理解其所面临的问题，在对冗余资源和设备进行整合的过程中亦更有信心做出合理的决策。在相同技术领域的经验会让研究过程更确定，更有效率。因此，并购双方的技术相似性越强，并购企业理解、开发和商业化目标企业技术资产价值的能力就越强，对目标方管理人员和技术人员的依赖性就越小，越有能力在并购后的整合中选择给予目标方较低的自主性，以此减少高自主性可能带来的损害。

第六，并购双方企业的技术互补性越强，并购企业降低目标企业自主性的能力越弱，给予目标方高自主性对并购后研发范围经济效应的实现具有促进作用。高技术互补性意味着并购双方企业的技术知识在较窄的知识领域中具有较大的差异性，并购企业对目标企业的技术领域不甚熟悉，对其技术知识缺乏了解，互补性技术的潜在价值实现在很大程度上依赖目标企业的技术能力及其在并购后进行联合的意愿，并购企业降低目标企业自主性的能力较弱。如前所述，并购双方企业技术互补性越高，通过不同技术领域关键知识的结合实现研发范围经济效应的可能性就越大，而该范围经济效应的实现在很大程度上取决于并购企业对目标企业隐性知识的获取，以及目标企业与并购企业的交互作用。对隐性知识的获取并不能够"一般化和通过知识的掌握来传递"（Winter，1987），隐性知识"包含个人和组织之间的特殊关系"（Badaracco，1991），这类以技术知识为基础的无形资产的转移和掌握相对较为困难。在这种情况下，尽可能保留目标企业原有管理人员和核心技术人员，维护目标企

业独特的技术能力，对于并购企业成功获取和同化目标企业的技术知识
至关重要。此时，给予目标企业较高的自主性能尽量减少对目标企业已
建立规则和过程的破坏，减少整合中不稳定因素的产生，降低目标企业
员工的离任概率，有助于保留和提升目标企业关键研发人员的生产力和
生产积极性，并通过建立紧密联系共同促进并购双方技术知识的传递与
共享，从而促进并购后研发范围经济效应的实现，并最终提升并购后创
新绩效。也就是说，并购双方企业技术互补性越强，并购企业给予目标
企业低自主性的能力就越低，而目标方高自主性对并购后研发范围经济
效应的实现具有明显的促进作用，有利于并购后创新绩效的提升。

　　通过上述分析，我们可以看到，在并购双方技术相似性较强的情况
下，较高的技术整合程度通过扩大规模经济效应和降低整合成本这两条
促进机制，有益于并购后创新绩效的提升，而较高的目标方自主性可能
会对并购后技术协同效应的实现产生损害，同时并购双方技术相似性较
强也使得并购企业具备给予目标方较低自主性的能力；在并购双方技术
互补性较强的情况下，较高的技术整合程度则可能对并购后技术协同效
应的实现造成损害，在此情形下并购企业削弱目标方自主性的能力较
弱，并且较高的目标方自主性会对并购后技术协同效应的实现产生促进
作用。

（二）技术整合模式与技术联系性的匹配性选择

　　通过前面的分析，我们已经探讨了并购双方企业技术相似性和技术
互补性强弱对并购后技术整合程度和目标方自主性选择的影响机制。在
此基础上，我们可以进一步结合本书对并购后技术整合模式的划分，根
据并购双方企业技术相似性和技术互补性不同强弱特征组合的情况，选
择与之相匹配的技术整合模式，以谋求并购技术协同效应的最大化，提
升并购企业在并购后的创新绩效。结合现实中技术获取型境外并购中可
能存在的并购双方企业技术联系性状况，我们将分别探讨在并购双方企

业技术相似性强互补性弱、技术相似性弱互补性强，以及技术相似性和互补性均强这三种情形下，与之相匹配的技术整合模式选择。

1. 技术相似性强互补性弱情况下的技术整合模式选择

首先，分析并购双方企业技术相似性强互补性弱的情况。并购双方企业技术相似性强互补性弱，说明并购企业与目标企业在一个较窄的知识领域具有较高的相似性，并购双方企业拥有相似的知识基础，或者说并购企业拥有理解和同化目标企业技术知识的先验知识，具备较强的理解、吸收、重构和优化所获取知识的能力。通常情况下，并购企业通过技术获取型境外并购获取目标企业相似性很强的技术知识，是为了从目标企业获取绝大部分甚至全部技术资源，将其吸收内化形成自身的核心技术能力。根据前面的分析，在这种情形下，并购企业有必要对从目标企业获取的技术资源与企业原有技术资源在统一框架下进行分解、重构、重组和优化，削减冗余的设备、工程和项目，并对研发部门进行结构性调整，以尽可能获取并购后研发活动的规模经济效应。同时，由于并购企业在该技术领域具有较强的先验知识基础，并购企业管理者熟悉并能较好地理解和操控目标企业的技术资源，拥有足够的知识吸收能力实施并购后的技术整合，在技术整合过程中面临的困难较少，所耗费的时间较短，产生的整合成本也相对较低，并购企业有必要也有能力对技术获取型境外并购获取的技术知识资源展开较高程度的技术整合。此外，尽管在技术获取型境外并购中，保留目标企业原有知识资源和优秀技术人员对新技术转移、吸收和同化具有很好的促进作用，但给予目标企业较高自主性会存在对并购后整合效率的损害机制，这一损害机制在并购双方具有较高技术相似性的情形下作用更为突出。同时，并购双方企业的高技术相似性使得并购企业自身就具有较强的技术吸收和同化能力，从而具备较强的削弱目标方自主性的能力，其有可能通过给予目标方低自主性来减少高目标方自主性对并购后技术协同效应实现所产生的损害。因此，在并购双方企业技术相似性强互补性弱的情形下，并购企业应进行快速且较高程度的技术整合，并给予目标方较低自主性。

结合本书对技术整合模式的划分，以及第三章对技术获取型境外并购案例的探索性研究结果，我们提出第五个核心理论假设。

　　假设 H5：为了实现并购后技术协同效应的最大化，提升并购企业并购后的创新绩效，当并购双方企业技术相似性强互补性弱时，并购企业应选择"技术吸收模式"进行技术整合。

2. 技术相似性弱互补性强情况下的技术整合模式选择

其次，我们分析并购双方企业技术相似性弱互补性强的情况。并购双方企业技术相似性弱互补性强，说明并购企业与目标企业在一个较窄的知识领域相似程度低，但共享一个较为宽泛的知识领域。并购双方企业技术资源的这种差异性，导致互补性技术知识的整合相对于相似性技术知识的整合可能面临更多的冲突和摩擦，过快、过强的技术整合极易给并购后的技术协同效应带来损害。同时，较强的互补性意味着技术获取型境外并购后并购企业有可能在互补的技术领域中实现范围经济效应以及技术协同效应，创造更多更丰富的创新成果，但这一并购技术协同效应的实现依赖并购双方企业在并购后的技术分享和共同促进程度。因此，保留目标企业原有的规则和程序，维护目标企业原有关键研发人员的生产力，提高管理人员与关键技术人员的生产积极性，提升并购后目标企业人员的归属感以及责任感，增强其分享知识进行联合开发的意愿，对于并购后技术协同效应的实现十分重要。并购后给予目标企业足够的自主性有利于这一目标的达成。此外，并购企业与目标企业在具体知识领域的相似程度低，使得并购企业对于目标企业的技术知识资源，尤其是隐性知识并不熟悉和了解，并购企业理解和吸收目标企业技术知识的能力较弱，从而对目标企业原有核心技术人员和管理人员的依赖性较强，削弱目标企业自主性的能力也较弱。因此，在并购双方企业技术相似性弱互补性强的情形下，并购企业应进行慢速且较低程度的技术整

合，并有必要给予目标方较高自主性以尽可能保留目标企业的核心技术
能力。

结合本书对技术整合模式的划分，以及第三章对技术获取型境外并
购案例的探索性研究结果，我们提出第六个核心理论假设。

> 假设 H6：为了实现并购后技术协同效应的最大化，提升并购
> 企业并购后的创新绩效，当并购双方企业技术相似性弱互补性强
> 时，并购企业应选择"技术保留模式"进行技术整合。

3. 技术相似性和互补性均强情况下的技术整合模式选择

最后，我们分析并购双方企业技术相似性和互补性均强的情况。并
购双方企业技术相似性和互补性均强，说明并购企业与目标企业不仅在
一个较窄的知识领域相似程度高，还共享一个较为宽泛的知识领域。并
购双方技术资源既存在高程度的相似性，又存在一定程度的差异。在前
面的分析中我们指出，如果并购双方企业资源仅仅存在较大程度的差
异，即相似性弱互补性强，则并购整合过程中面临的碰撞和冲击将会较
多，整合过程会比较困难，整合成本也会较高，因此不宜进行高程度的
整合。但若是双方技术存在高程度互补性的同时还具有高程度的相似
性，技术相似性通过整合对并购后技术协同产生的促进机制也会十分明
显，因此，当两者共存的时候，相较于单纯的只具有高技术互补性，整
合带来的负面效应将会得到削减，此时将目标企业相似性强的新技术知
识植入并购企业现有技术体系中，加以高程度整合吸收，将有助于并购
后技术协同效应的实现，高程度的技术整合在一定程度上成为必要且可
能。同样，如果并购双方仅仅存在较高程度的技术相似性，即相似性强
互补性弱，则并购企业在并购后有能力也有必要削弱目标企业的自主
性，因此可以采取低目标方自主性的整合模式。但若是双方技术除了存
在高相似性之外，还存在高互补性，那么并购后双方技术资源的协同效
应实现有赖于双方的技术交流、分享、合作和相互促进程度，此时削

弱目标方自主性的整合模式则不利于互补性技术资源的吸收和利用，同时并购企业对差异性技术资源理解能力的缺乏也制约了其并购后削弱目标方自主性的实施能力，在这种情况下给予目标企业高自主性是很有必要的。因此，在并购双方企业技术相似性和互补性均强的情形下，并购企业可选择进行较高程度的技术整合，同时有必要给予目标方较高自主性以尽可能保留目标企业差异性技术资源的协同效应。

结合本书对技术整合模式的划分，我们提出第七个核心理论假设。

假设 H7：为了实现并购后技术协同效应的最大化，提升并购企业并购后的创新绩效，当并购双方企业技术相似性和互补性均强时，并购企业应选择"技术共生模式"进行技术整合。

五　总体理论框架

至此，本书探讨了并购双方企业技术联系性（技术相似性和技术互补性）影响并购后创新绩效的机制，并对技术整合的维度构成进行了理论构建，在此基础上理论分析和论证了技术整合能力（绝对技术整合能力和相对技术整合能力）对技术联系性与并购后创新绩效关系的调节作用，以及为使并购后技术协同效应最大化，提升并购后创新绩效，不同技术联系性组合特征与技术整合模式的匹配性选择机制，提出了相关理论假设，构架了本书的总体理论框架。

通过本章的理论机制分析和第三章的技术获取型境外并购探索性案例研究结果，首先，提出假设 H1 和假设 H2，认为并购双方企业的技术相似性和技术互补性特征会对并购后创新绩效产生影响。其次，提出并购企业的技术整合能力（绝对技术整合能力和相对技术整合能力）对技术相似性和技术互补性与并购后创新绩效的关系具有调节作用（见假设 H3 和假设 H4），且在绝对技术整合能力和相对技术整合能力高低不同的情形下，技术整合能力的调节作用有所不同（见假设 H3a、假设 H3b 和假设 H4a、假设 H4b）。探讨并购企业技术整合能力的调节作用，对并购企业在并购前根据并购双方企业的技术联系性特征选择恰当的并购目标，最大化并购后创新绩效，具有指导意义。最后，指出在并购实施后，并购企业应根据并购双方企业的技术联系性特征组合情况，选择与之相匹配的技术整合模式，以使并购后的技术协同效应最大化，尽可能提升并购后创新绩效。本书的总体理论框架如图 4-3 所示。

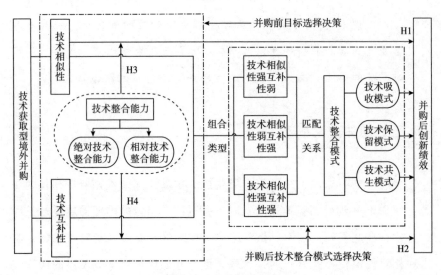

图 4-3 总体理论框架

六 本章小结

并购后创新绩效的实现与整个并购实施过程的决策有关。在并购实施前，并购企业应根据自身具有的绝对技术整合能力大小，以及与并购目标选择相关的相对技术整合能力大小，选择尽可能使并购技术协同效应最大化的具有一定技术相似性和技术互补性特征的目标企业；在并购完成后的技术整合过程中，并购企业应根据并购双方企业的技术相似性和技术互补性特征，选择与之相匹配的技术整合模式，最大化技术协同效应，达到提升并购后创新绩效的目的。本章对并购双方企业技术联系性、并购企业技术整合能力、技术整合模式和并购后创新绩效的交互作用机制展开分析，结合第三章技术获取型境外并购探索性案例的研究结果，提出了本书的核心理论假设，为后续章节奠定了理论基础。在后面章节中，本书将分别利用实证分析和仿真分析对本章提出的核心理论假设展开论证和检验。

| 第五章 |

技术整合能力对技术联系性与并购创新绩效关系调节作用的实证分析

基于第四章的理论研究，本章将结合中国企业技术获取型境外并购的实践，对前面提出的各理论假设展开实证分析和检验，探讨在中国企业技术获取型境外并购的实践中，并购双方企业的技术相似性、技术互补性对并购创新绩效的影响，并考察并购企业在高低不同的技术整合能力（绝对技术整合能力和相对技术整合能力）情形下，技术相似性和技术互补性对并购后创新绩效的影响。实证分析对于理论研究是有益的补充。本章的内容主要包括以下四个部分：首先，阐述实证分析所采用的样本数据来源及筛选标准；其次，对实证分析中所涉及的各个变量的测度进行解释；再次，利用样本数据对前述理论假设展开实证分析，并对实证分析的结果展开讨论；最后，对本章内容进行总结。

一　样本选择与数据来源

Rossi 等（2013）通过对并购文献的回顾发现，获取目标企业的技术是生物制药、电子工业和通信行业企业并购的主要动机，这些行业技术并购的数量不断增长。只有那些并购企业和目标企业都属于高技术产业部门的境外并购才能创造比国内兼并更高的回报（Conn et al.，2005；Kohli & Mann，2012）。现有文献一般将7个两位数制造业视为高技术行业——化学制品业（28）、计算机设备制造业（35）、电子制品业（36）、航空航天业（37）、仪器制造业（38）、通信设备制造业（48）及软件制造业（73）（Ranft & Lord，2002；Certo et al.，2001；King et al.，2008）。此外，当前新兴国家企业大多是从发达国家和地区获取战略资产的（Aybar & Ficice，2009；Nicholson & Salaber，2014）。

　　由于本书的研究对象是技术获取型境外并购，故此基于上述分析，我们对研究假设的检验数据来自中国企业在上述7个高技术行业的并购事件，且目标企业均属于发达国家和地区。根据国际货币基金组织发布的《世界经济展望报告》中关于发达经济体（Advanced Economies）的定义，发达国家和地区包括美国、英国、德国、法国、荷兰、比利时、意大利、西班牙、奥地利、芬兰、希腊、葡萄牙、爱尔兰、卢森堡、日本、加拿大、韩国、澳大利亚、中国台湾、瑞典、瑞士、中国香港、丹麦、挪威、以色列、新加坡、新西兰、塞浦路斯和冰岛。此外，考虑到捷克、波兰、匈牙利和斯洛伐克是联合国和OECD均认可的发达国家，综合上述国际组织的定义，本书所选择的并购事件样本为针对以上所有33个发达国家和地区企业的技术并购。考虑到中国企业境外并购事件数据资料的完备性，以及境外并购发生后足够的观察期，加上研究过程中数据资料收集、分析与数据发布之间不可避免的时间差，我们最终用于假设检验的样本数据来自2000年1月1日到2013年12月31日之间发生的中国企业技术获取型境外并购事件。

　　本书利用BVD系列数据库中的全球并购交易分析库（Zephyr）来获取研究所需要的中国企业境外并购事件资料。Zephyr数据库是一个包含全球并购（M&A）、首次公开募股（IPO）以及风险投资交易等信息的动态专业数据库，可以查询到全球每一项并购交易事件相关的并购企业、目标企业信息，以及并购法律、融资等相关资料，是国际并购领域覆盖率最高的权威专业数据库。从 Zephyr 数据库我们可以查询到每一项并购交易的基本信息。

在 Zephyr 数据库中，我们按以下标准筛选出符合条件的并购事件：①并购事件发生时间为 2000 年 1 月 1 日到 2013 年 12 月 31 日，并购企业为中国内地企业，目标企业为非中国内地企业；②并购事件所属行业选择化学制品业、计算机设备制造业、电子制品业、航空航天业、仪器制造业、通信设备制造业和软件制造业 7 个行业；③事件类型设定为兼并和收购（简称"并购"），且并购获得股权在 50% 以上；④并购事件状态标记为已完成；⑤剔除目标企业为并购企业设在境外的子公司，以及目标企业为非上述 33 个发达国家和地区的企业的并购事件。在上述给定筛选条件下，我们总共获取 136 起符合条件的中国企业境外并购的案例事件。

接下来，我们进一步通过 BVD 系列数据库中的全球上市公司分析库 Osiris 数据库，结合中国上海证券交易所以及中国深圳证券交易所网站公布的上市公司年报，对上述中国企业境外并购事件中的相关信息进行收集，整理出并购双方企业的行业、国别、研发、财务等基本信息，并剔除无法完整获取所需相关信息资料的企业。此外，根据 Ahuja 和 Katila（2001）的研究，只有目标企业在并购前 5 年至少获得过一项专利，或者并购企业在并购公告中表明并购的主要目的是获取被并购企业某项技术，该并购才被视为技术获取型并购。因此，我们有必要对这些并购事件进一步筛选。通过中国国家知识产权局专利检索及分析数据库、佰腾专利检索系统等对目标企业在并购事件完成前 5 年的专利产出情况进行搜索和整理，并结合企业年报、公告以及相关新闻资讯等进行判定，剔除并购发生前 5 年搜索不到专利产出的企业。最终，我们得到了共计 70 个拥有完整数据资料的中国企业技术获取型境外并购事件样本，这些并购事件按目标企业所属国家和地区及并购所属行业的分布统

计如表 5 - 1 所示。利用这些样本数据，我们将针对本书前述章节理论
分析所提出的假设，展开实证检验和分析。

从表 5 - 1 中我们可以看到，2000～2013 年，我国企业的技术获取
型境外并购主要针对欧洲发达国家进行，目标企业为欧洲国家企业的并
购事件数占到并购事件总数的 61.4%；其次是美国和加拿大的目标企
业，占到并购事件总数的 25.7%；并购目标企业属于亚洲和大洋洲的
各占 11.4% 和 1.4%。可见，我国企业技术获取型境外并购的主要标的
是欧美国家的企业。从并购样本所属行业的分布来看，我国企业技术获
取型境外并购涉及行业较为广泛，主要集中在电子制品业和计算机设备
制造业，分别占 35.7% 和 28.6%；航空航天业和化学制品业的并购数
量分别占 14.3% 和 11.4%，这两个行业的技术获取型境外并购亦较为
活跃。

表 5 - 1　按目标企业所属国家和地区及并购所属行业统计的并购样本

分类标准	区域	国家和地区	事件数（个）	占比（%）
目标企业国家和地区	亚洲	日本、中国香港、韩国、以色列	8	11.4
	欧洲	英国、法国、德国、意大利、瑞典、荷兰、丹麦、奥地利、匈牙利、比利时	43	61.4
	北美洲	美国、加拿大	18	25.7
	大洋洲	澳大利亚	1	1.4
所属行业		化学制品业	8	11.4
		计算机设备制造业	20	28.6
		电子制品业	25	35.7
		航空航天业	10	14.3
		仪器制造业	4	5.7
		软件制造业	3	4.3

二 变量测度

(一) 因变量

技术获取型境外并购的主要目的是获取目标企业的优质技术资源，通过对目标企业技术知识的消化、吸收和再创造，实现并购技术协同效应，最终提升自身的技术创新能力。因此，本书的因变量为并购发生后并购企业的创新绩效。我们采用并购企业在技术获取型境外并购完成后的技术创新产出来衡量。根据以往的研究，创新产出与企业的专利数量直接相关 (Ahuja，2000；Owen-Smith & Powell，2004；Rothaermel & Hess，2007)，专利可以被视为企业新技术产出的外化形式 (Hitt et al.，1996；Mowery et al.，1998；Hall et al.，2001)。因此，在本书中我们采用并购企业在技术获取型境外并购完成后第二年，相对于并购完成当年的专利申请数量的增长率来代表因变量。因变量指标计算所需并购企业专利申请数量来源于中国国家知识产权局专利检索及分析数据库、佰腾专利检索系统等。

(二) 自变量

本书中的自变量为并购双方企业的技术相似性和技术互补性。根据前人研究给出的定义 (Larsson & Finkelstein，1999；Zaheer et al.，2008；Makri et al.，2010)，企业间的技术相似性是指它们解决的技术难题集中到一个较窄的知识领域的相似程度，我们用并购企业与目标企业在并购发生前一段时间内，双方所拥有技术专利的相似程度来测度。企业间的技术互补性是指它们解决的科技难题集中到不同的较窄的知识领域但是共享一个较为宽泛的知识领域的互补程度，我们用并购企业与目标企业在并购发生前一段时间内，双方所拥有技术专利的互补程度来测度。具体而言，我们利用国际专利分类（International Patent Classification，IPC）的专利数量来衡量。国际专利分类（IPC）将技术分为 A ~ H 八个部；各部下再划分大类，用两位数字表示；大类下继续划分小类，用字母区分；小类下又进一步划分为大组或小组。IPC 完整分类号的构成示例如图 5 – 1 所示。

图 5 – 1　IPC 完整分类号的构成示例

本书中，我们用并购双方企业并购前 5 年处于相同小类的专利数量来衡量双方企业的技术相似性。借用 Makri 等（2010）关于企业间技术相似性的计算公式，我们在实证研究中按以下公式计算并购双方企业间的技术相似性。

$$技术相似性 = \frac{并购双方相同专利小类下专利数}{并购双方专利总数} \times \frac{并购方相同专利小类下专利数}{并购方专利总数}$$

本书中，我们用并购双方企业并购前 5 年处于相同大类但不同小类的专利数量来衡量双方企业的技术互补性。借用 Makri 等（2010）关于企业间技术互补性的计算公式，我们在实证研究中按以下公式计算并购双方企业间的技术互补性。

$$技术互补性 = \frac{并购双方相同专利大类下专利数}{并购双方专利总数} - \left(\frac{并购双方相同专利小类下专利数}{并购双方专利总数} \times \frac{并购方相同专利大类下专利数}{并购方专利总数} \right)$$

计算所需专利数据来源于中国国家知识产权局专利检索及分析数据库、佰腾专利检索系统等。

（三）调节变量

本书重点关注并购企业技术整合能力对技术相似性、互补性与并购创新绩效之间关系的调节作用。根据前面的分析，我们将并购企业的技术整合能力划分为绝对技术整合能力和相对技术整合能力两个维度。其中，绝对技术整合能力是指源自并购企业自身层面的吸收能力，主要通过对并购后目标企业技术知识进行吸收、学习和进一步开发过程中的作用机制，对技术获取型境外并购的创新绩效产生影响；相对技术整合能力则是源自合作伙伴企业相关特征的吸收能力，主要通过并购后对目标企业技术知识和资源的组织整合过程中的作用机制，对技术获取型境外并购的创新绩效产生影响。

根据前面的理论分析，我们认为，企业对技术知识的绝对技术整合能力主要由其既有知识基础和先验经验决定，而这些在创新过程中形成的知识基础和先验经验与企业的研发强度息息相关，因此我们沿用 Cohen 和 Levinthal（1990）的研究成果，用研发强度来衡量企业绝对技术整合能力的大小。按照通常的衡量方法，我们用研发经费投入占营业收入的比例来表示并购企业的研发强度，即绝对技术整合能力。

在前面的理论分析中，我们认为，并购企业对技术知识的相对技术整合能力主要由目标企业和并购企业间相对知识基础规模和相对组织能力决定。Ahuja 和 Katila（2001）采用并购企业与目标企业的专利数之比来衡量并购企业知识基础的相对大小。而 Jo 等（2016）则认为专利反映的仅仅是显性知识储备，并不能代表隐性知识。根据 Argote 和 Ingram（2000）、Paruchuri 等（2006）的研究，企业员工是企业技术知识的载体，因为他们同时具有显性和隐性知识，是最强大的知识存储库。Jo 等（2016）用并购企业与目标企业的员工数量之比来衡量并购企业知识基础规模的相对大小。此外，并购企业与目标企业的专利数之比虽可以在一定程度上衡量并购企业和目标企业间的相对知识基础规模，但不能反映并购双方企业相对组织能力的大小。通常情况下，我们认为企业的员工越多，企业规模越大，其组织能力就越强，因此企业之间的相对组织能力可以近似用双方企业规模的大小，即员工数量的多少来衡量。因此，我们沿用 Jo 等（2016）的研究成果，用并购企业与目标企业的员工数量之比来综合衡量并购企业的相对知识基础规模和相对组织能力，即相对技术整合能力的大小。

本书中，计算并购企业的绝对技术整合能力和相对技术整合能力指标所需的数据来源于 Osiris 数据库，以及中国上海证券交易所、中国深圳证券交易所网站公布的上市公司年报等。

（四）控制变量

在本书的研究中，除了上述因变量、自变量和调节变量外，我们还需进一步考虑其他可能对技术获取型境外并购创新绩效产生影响的控制变量，包括并购经验和并购双方企业的文化相似性。

1. 并购经验

并购经验可以促进知识的吸收和整合（Hayward，2002）。也就是说，并购经验像催化剂一样有助于减少并购企业和目标企业在并购整合与技术合作中可能存在的冲突。在技术获取型境外并购中，从并购经验中获得的并购能力可以促进并购整合中的知识转移，对技术知识从目标企业向并购企业的流动产生影响，从而影响并购企业的创新绩效。本书中，我们将并购企业的境外并购经验作为控制变量，用并购事件发生之前并购企业所完成的境外并购数量来衡量。数据来源于 Zephyr 数据库，以及企业年报、公告和新闻资讯等。

2. 文化相似性

文化的不兼容性或不匹配性是并购成功率低下的一个重要原因（Nguyen & Kleiner，2003；Cartwright & Schoenberg，2006），文化的匹配性与潜在协同价值的实现有关（Datta，1991；Cartwright & Cooper，2001；Cartwright，2006）。在境外并购研究的文献中，Hofstede（1980）关于国家文化维度模型的构建指标被广泛用于测度并购双方的文化相似性。根据 Hofstede（1980）的研究，国家文化可以划分为六个维度，分别是权力距离（Power Distance）、个人主义/集体主义（Individualism/Collectivism）、男性化/女性化（Masculinity/Femininity）、不确定性规避（Uncertainty Avoidance）、放纵/克制（Indulgence/Restraint）以及长期取向/短期取向（Long – Term/Short – Term）。根据 Kogut 和 Singh（1988）的计算公式，可以计算出并购双方所属国家在这六个维度上的文化距离，数值越小表示文化相似性越高。

$$文化距离 = \sum_{i=1}^{n} \frac{\left\{ \frac{(I_{ij} - I_i)^2}{V_i} \right\}}{n}$$

其中，I_{ij} 表示第 i 个文化维度在第 j 个目标企业所属国家和地区的 Hofstede 评分，I_i 表示第 i 个文化维度在并购企业所属国家和地区（本书中指中国内地）的 Hofstede 评分，V_i 表示第 i 个文化维度的方差，n 表示所测量的文化维度的个数。

本书中，我们采用文化距离的倒数来衡量并购双方所属国家和地区的文化相似性大小。文化相似性指标计算所需要的数据来自霍夫斯泰德（Hofstede）个人网站。

实证检验模型中所涉及变量的测度方法及数据来源如表 5 – 2 所示。

表 5 – 2 模型变量的测度方法及数据来源

变量类型	变量名称	变量测度方法	数据来源
因变量	创新绩效	并购完成后并购企业专利申请数量的增长率	中国国家知识产权局专利检索及分析数据库、佰腾专利检索系统
自变量	技术相似性	Makri 等（2010）的量化公式	中国国家知识产权局专利检索及分析数据库、佰腾专利检索系统
	技术互补性	Makri 等（2010）的量化公式	中国国家知识产权局专利检索及分析数据库、佰腾专利检索系统

变量类型	变量名称	变量测度方法	数据来源
调节变量	绝对技术整合能力	企业研发强度，即研发经费投入占营业收入的比例	Osiris 数据库、企业年报等
	相对技术整合能力	并购企业与目标企业的员工数量之比	Osiris 数据库、企业年报等
控制变量	并购经验	并购企业之前完成的境外并购数量	Zephyr 数据库、企业年报、公告和新闻资讯等
	文化相似性	霍夫斯泰德的国家文化维度模型构建指标	霍夫斯泰德个人网站

三　分析方法

该部分实证模型的构建与前文的理论机制分析一致，将分别验证并购双方企业技术相似性和技术互补性对技术获取型境外并购企业创新绩效的影响，以及并购企业技术整合能力（绝对技术整合能力和相对技术整合能力）对并购双方企业技术相似性、互补性与并购创新绩效之间关系的调节作用，并验证在并购企业技术整合能力高低不同的情况下，应如何选择与之相匹配的具有不同技术相似性和互补性强弱特征的目标企业，以实现技术获取型境外并购技术协同效应的最大化。

本书利用 SPSS 17.0 软件，采用带调节项的多元层级回归分析法对前面章节分析中提出的理论假设进行检验。首先引入控制变量，其次引入自变量，再次引入调节变量，最后分别引入两个自变量与调节变量的交互项。进一步地，通过绘制调节变量高低不同的调节作用图，可以探讨并购企业在技术整合能力高低不同的情形下，对并购双方企业技术相似性、互补性与并购创新绩效之间关系的不同调节作用。此外，由于本书的逻辑回归涉及调节作用的检验，为避免加入交互项后带来的多重共线性问题，我们将分别对自变量与调节变量进行中心化处理，然后计算其交互项，以消除多重共线性对研究结果可能造成的影响。在对结果的分析中，对调节作用的检验并不需要主效应是显著的，如果方程中交互项对因变量的回归系数显著则上述调节作用得到支持。

四　实证分析结果

（一）样本变量描述性统计

根据前面的理论机制分析，本书实证研究所涉及的变量包括以下7个。自变量有2个，分别是并购双方企业的技术相似性和技术互补性；因变量为并购企业的创新绩效；调节变量包括并购企业的绝对技术整合能力和相对技术整合能力；控制变量为并购企业之前的并购经验，以及并购双方的文化相似性。通过对样本数据的计算和整理，我们得到了如表5-3所示的样本变量描述性统计结果。

从统计结果可以看到，进行技术获取型并购的中国企业普遍缺乏境外并购经验，多达77.14%的企业在样本技术获取型并购行为之前没有境外并购经验。在样本并购事件中，大部分并购双方企业具有较低的文化相似性，有85.71%的并购事件发生在双方文化相似性小于0.50的国家之间。并购双方企业的技术相似性普遍低于0.4，其中技术相似性小于0.2的并购样本占到78.57%，大于等于0.4的并购样本仅占全部样本数的2.86%；相对而言，并购双方技术互补性的分布则没有那么集中，基本呈现较为均匀的分布，除了技术互补性小于0.1的并购样本占比为7.14%外，其余技术互补性的数值区间分布占比均在15%～30%。从并购企业的技术整合能力来看，大部分并购企业具有较高的绝对技术整合能力，研发经费投入占营业收入的比例大于等于3%的并购企业占到一半以上,达到 61.43%,研发经费投入占营业收入比例小于 1% 的样本并购企业仅占 15.71%;并购企业的相对技术整合能力则相反,大部分并购企业对目标企业的相对技术整合能力小于 1%,占样本并购企业总数的 61.43%,中国企业的技术获取型境外并购大部分表现为"以小吃大"。从并购企业创新绩效来看,技术获取型境外并购完成之后,大部分中国企业(占比为 64.28%)的创新绩效得到了提升,专利产出呈现正增长,其中有 18.57% 的企业甚至出现创新绩效的成倍增长;但仍有不少企业在技术获取型境外并购完成后,创新绩效呈现负增长状态,这一类企业在样本总量中占比为 35.72%。

表 5 - 3 样本变量的描述性统计结果

并购经验（次）	样本（个）	占比（%）	文化相似性	样本（个）	占比（%）	技术相似性	样本（个）	占比（%）
0	54	77.14	0	4	5.71	<0.1	33	47.14
1	7	10.00	0 ~ 0.25	25	35.71	0.1 ~ 0.2	22	31.43
2	6	8.57	0.25 ~ 0.50	31	44.29	0.2 ~ 0.3	6	8.57
3	3	4.29	0.50 ~ 0.75	1	1.43	0.3 ~ 0.4	7	10.00
			0.75 ~ 1	9	12.86	≥0.4	2	2.86
小计	70	100	小计	70	100	小计	70	100

技术互补性	样本（个）	占比（%）	相对技术整合能力	样本（个）	占比（%）	绝对技术整合能力	样本（个）	占比（%）
<0.1	5	7.14	<0.5%	33	47.14	<0.5%	6	8.57
0.1 ~ 0.2	20	28.57	0.5% ~ 1%	10	14.29	0.5% ~ 1%	5	7.14
0.2 ~ 0.3	17	24.29	1% ~ 2%	12	17.14	1% ~ 3%	16	22.86
0.3 ~ 0.4	17	24.29	2% ~ 4%	8	11.43	3% ~ 6%	34	48.57
≥0.4	11	15.71	≥4%	7	10.00	≥6%	9	12.86
小计	70	100	小计	70	100	小计	70	100

续表

创新绩效	样本 （个）	占比 （%）					
< -50%	3	4.29					
-50% ~0	22	31.43					
0~50%	28	40.00					
50% ~100%	4	5.71					
≥100%	13	18.57					
小计	70	100					

（二）变量的相关分析结果

因各测度变量数据单位不一致，在相关关系分析和假设检验前，我们对采集的变量数据进行 min - max 标准化。从表 5 - 4 各变量的相关系数矩阵结果可知，并购双方企业的技术相似性与技术互补性之间的相关系数为 - 0.292，呈负相关关系，并在 95% 的置信水平上显著（p < 0.05）。并购企业创新绩效与并购双方企业技术互补性之间的相关系数为 0.312，呈正相关关系，并在 99% 的置信水平上显著（p < 0.01）；与并购企业绝对技术整合能力正相关，相关系数为 0.284，并在 95% 的置信水平上显著（p < 0.05）。并购企业的绝对技术整合能力与并购双方企业技术互补性之间也呈正相关关系，相关系数为 0.239，且在 95% 的置信水平上显著（p < 0.05）。

表 5 - 4　各变量的平均值、标准差和相关系数矩阵

变量	平均值	标准差	1	2	3	4	5	6	7
1. 并购经验	0.400	0.824	1.000						
2. 文化相似性	0.450	0.261	- 0.007	1.000					
3. 技术相似性	0.125	0.114	- 0.003	0.120	1.000				
4. 技术互补性	0.254	0.117	0.103	0.032	- 0.292**	1.000			

变量	平均值	标准差	1	2	3	4	5	6	7
5. 相对技术整合能力	1.581	2.748	-0.126	0.153	-0.134	0.093	1.000		
6. 绝对技术整合能力	3.973	3.224	0.138	-0.111	0.008	0.239**	-0.089	1.000	
7. 创新绩效	0.461	1.140	-0.018	0.075	0.037	0.312***	-0.133	0.284**	1.000

注：$n=70$；*** 表示 $p<0.01$，** 表示 $p<0.05$；双尾检验；表头中的 1~7 变量与第一列中变量一一对应。

（三）技术相似性、技术整合能力与创新绩效的回归结果

根据前文的分析，我们将对并购双方企业技术相似性与技术获取型境外并购企业创新绩效之间的倒 U 形关系进行检验，并进一步分别探讨并购企业绝对技术整合能力和相对技术整合能力对并购双方企业技术相似性与技术获取型境外并购创新绩效关系的调节作用。下面分别将并购企业的绝对技术整合能力和相对技术整合能力作为调节变量引入检验模型，进行多元层级回归分析。

1. 技术相似性、绝对技术整合能力与境外并购企业创新绩效之间的关系

根据前文的理论假设，技术相似性与技术获取型境外并购创新绩效之间呈倒 U 形关系，因此在层级回归分析中我们首先引入控制变量（并购经验和文化相似性），其次引入自变量（技术相似性和技术相似性的平方项），再次引入调节变量（绝对技术整合能力），最后引入自变量与调节变量的交互项。为了避免加入交互项后带来的多重共线性问题，我们首先分别对自变量与调节变量进行了中心化处理。

为确定回归分析模型能进行假设检验，我们采用方差膨胀因子（VIF）来检验多重共线性问题，用杜宾－沃森（DW）值来检验序列相关问题，用残差散点图来检验异方差问题。由经验法则可知，当最

大的方差膨胀因子 $VIF = \max \{VIF_1, VIF_2, \cdots, VIF_n\} \leqslant 10$ 时，表明模型不存在多重共线性问题。结果表明，各模型的 VIF 值在 1.000 ~ 2.062，可判定自变量间不存在多重共线性问题；模型的 DW 值为 2.278，不存在序列相关问题；残差散点图显示残差随机分布，没有明显的变化趋势，不存在异方差问题。因此，可以对模型进行假设检验。多元层级回归结果见表 5 - 5 "技术相似性、绝对技术整合能力对并购企业创新绩效的回归结果" 中的模型 1 至模型 6 (M1 ~ M6)。

表 5 - 5　技术相似性、绝对技术整合能力对并购企业创新绩效的回归结果

变量	并购企业创新绩效					
	M1	M2	M3	M4	M5	M6
控制变量						
并购经验	-0.018 (-0.146)	-0.018 (-0.144)	-0.025 (-0.208)	-0.065 (-0.557)	-0.073 (-0.640)	-0.050 (-0.445)
文化相似性	0.075 (0.618)	0.072 (0.582)	0.073 (0.605)	0.106 (0.907)	0.042 (0.352)	0.052 (0.442)
自变量						
技术相似性		0.028 (0.227)	0.258 (1.552)	0.240 (1.495)	0.306* (1.907)	0.300* (1.894)
技术相似性的平方项			-0.334** (-2.012)	-0.316* (-1.977)	-0.378** (-2.371)	-0.331** (-2.070)
调节变量						
绝对技术整合能力				0.293** (2.496)	0.324*** (2.794)	0.438*** (3.303)
交互项						
技术相似性 × 绝对技术整合能力					0.238* (1.952)	0.291** (2.346)
技术相似性的平方项 × 绝对技术整合能力						-0.230* (-1.696)

续表

变量	并购企业创新绩效					
	M1	M2	M3	M4	M5	M6
R^2	0.006	0.007	0.065	0.148	0.197	0.232
F 值	0.202	0.150	1.130	2.223 *	2.568 **	2.678 **
ΔR^2	0.006	0.001	0.058	0.083	0.049	0.036
ΔF	0.202	0.051	4.048 **	6.231 **	3.809 *	2.876 *

注：$n = 70$；*** 表示 $p < 0.01$，** 表示 $p < 0.05$，* 表示 $p < 0.10$；括号内为 t 值。

模型 1（M1）给出了两个控制变量对并购后并购企业创新绩效的回归结果。结果显示，并购经验和文化相似性对技术获取型境外并购后并购企业创新绩效影响的 p 值均大于 0.10，即这两个因素对并购企业创新绩效的直接影响均不显著。其中并购经验与并购企业创新绩效之间呈负相关关系，相关系数 $r = -0.018$（$p > 0.10$）；文化相似性与并购企业创新绩效之间呈正相关关系，相关系数 $r = 0.075$（$p > 0.10$）。

（1）主效应检验

我们对并购双方企业技术相似性与技术获取型境外并购后并购企业创新绩效之间的关系进行检验。首先，我们检验技术相似性与并购企业创新绩效之间是否存在显著的线性相关关系。在 M1 的基础上，先将技术相似性变量直接加入 M2 进行回归。结果显示，在控制干扰变量的情况下，技术相似性与并购企业创新绩效之间呈正相关关系，相关系数 $r = 0.028$，但 $p > 0.10$，说明技术相似性与并购企业创新绩效之间并不具有显著的线性相关关系。然后，我们检验技术相似性与并购企业创新绩效之间是否存在倒 U 形关系。在 M2 的基础上，将技术相似性的平方项加入 M3 进行回归。结果显示，技术相似性的平方项与并购企业创新绩效之间的相关系数 $r = -0.334$，且在 95% 的置信水平上显著（$p < 0.05$）。技术相似性的平方项系数为负且显著，验证了我们的假设——并购双方企业的技术相似性与技术获取型境外并购后创新绩效之间呈现倒 U 形关系，即在技术相似性从低到高的变化过程中，并购企业的创新

绩效随之先不断提高，但当技术相似性高到一定的程度之后，随着技术相似性的继续提高，并购企业创新绩效开始下降。假设 H1 得到验证。

（2）调节作用检验

接下来，我们检验并购企业绝对技术整合能力对并购双方企业技术相似性与并购企业创新绩效之间关系的调节作用。首先，在 M3 的基础上，我们加入并购企业的绝对技术整合能力，构成模型 M4，检验调节变量——并购企业的绝对技术整合能力对并购企业创新绩效的直接影响。结果表明，在控制了技术相似性后，并购企业的绝对技术整合能力对并购企业创新绩效有正向影响且在 95% 的置信水平上显著（$r = 0.293$，$p < 0.05$）。然后，为了检验并购企业的绝对技术整合能力对技术相似性与并购企业创新绩效之间关系的调节作用，我们将调节变量与自变量的交互项——并购企业的绝对技术整合能力与技术相似性的乘积，以及并购企业的绝对技术整合能力与技术相似性平方项的乘积逐步加入模型进行回归检验，构成模型 M5 和模型 M6。M5 的回归分析结果表明，并购企业的绝对技术整合能力对技术相似性和并购企业创新绩效之间的关系具有调节作用，且在 90% 的置信水平上显著（$r = 0.238$，$p < 0.10$）。M6 的回归分析结果表明，并购企业的绝对技术整合能力对技术相似性与并购企业创新绩效之间的倒 U 形关系具有调节作用，且在 90% 的置信水平上显著（$r = -0.230$，$p < 0.10$）。假设 H3 部分得到验证。

为了进一步探讨并购企业在绝对技术整合能力高低不同情况下，对技术相似性和并购企业创新绩效可能产生的不同程度的调节作用，我们参考 Aiken 和 West（1991）的建议，绘制出并购企业在高绝对技术整合能力和低绝对技术整合能力两种不同的情形下，对技术相似性和并购企业创新绩效之间关系的调节作用图，如图 5 - 2 所示。图 5 - 2 可以进一步展现并购企业在绝对技术整合能力高低不同情况下，对技术相似性与并购企业创新绩效之间关系的不同调节作用。

当并购企业具有低绝对技术整合能力时，并购双方企业的技术相似

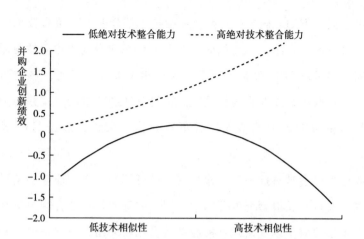

**图 5-2　不同绝对技术整合能力对技术相似性与并购企业
创新绩效关系的调节作用**

性与并购企业创新绩效之间仍然具有倒 U 形关系，即当并购双方企业
的技术相似性较低时，由技术相似性提高带来的研发规模经济效应显
现、知识更容易被转移和吸收，以及整合成本降低这一系列作用机制占
主导地位，虽然并购企业的绝对技术整合能力较低，但仍能使得并购企
业的创新绩效不断提高；但是，随着技术相似性的进一步提高，当到达
一定临界值之后，学习空间减小及创新增长路径依赖效应逐步显现，使
得创新绩效开始随着技术相似性的不断提高而降低，并购企业较低的绝
对技术整合能力会使得这一负面效应更快更明显地显现出来。因此，从
低绝对技术整合能力的调节作用我们可以看到，在并购企业绝对技术整
合能力较低时，技术相似性与并购企业创新绩效之间的倒 U 形关系十
分明显。随着并购双方企业技术相似性的增强，并购企业的创新绩效无
论是在上升阶段还是在下降阶段，变化都较为明显。假设 H3b 部分得
到验证。

图 5-2 的调节作用结果显示，当并购企业具有高绝对技术整合能
力时，并购双方企业的技术相似性与并购企业创新绩效之间不再呈现倒
U 形关系，而是表现为正相关关系。在前面章节的理论机制分析中，我

们提出了假设 H3a，认为当并购企业的技术整合能力（绝对技术整合能力或相对技术整合能力）较高时，其调节作用使得技术相似性与创新绩效之间不再呈现倒 U 形关系，而呈现负相关关系。然而，在运用中国企业技术获取型境外并购的相关数据资料对其进行验证时，并购企业的绝对技术整合能力的调节作用并不符合这一假设，假设 H3a 部分不成立。

我们可以尝试对这一实证检验结果进行解释。该实证检验结果说明在中国企业技术获取型境外并购中，较高的绝对技术整合能力带来的并购后知识学习效应以及研发规模经济效应比较突出，也就是说并购企业在理解、吸收和内化了所获取的目标企业较高相似性的技术知识资源后，拥有较强的进一步发掘潜在技术机会及开发深层核心技术的能力，相似领域知识规模的扩大以及对这一领域技术的高度聚焦和深层次的发掘，促进了并购后并购企业研发规模经济效应的产生、学习速率的提升以及对深层核心技术的掌握。这一作用机制的影响占主导地位，克服了高技术相似性带来的学习空间有限及创新路径依赖等不利影响，表现为在对中国企业技术获取型境外并购的实证检验中，当并购企业拥有较高绝对技术整合能力时，其对技术相似性与并购后创新绩效关系的调节作用并不符合本书提出的理论假设 H3a，而是表现为在高绝对技术整合能力的调节作用下，技术相似性与并购企业创新绩效之间呈正相关关系。

2. 技术相似性、相对技术整合能力与境外并购企业创新绩效之间的关系

根据前文的理论假设，技术相似性与技术获取型境外并购创新绩效之间呈倒 U 形关系，因此在层级回归分析中我们首先引入控制变量（并购经验和文化相似性），其次引入自变量（技术相似性和技术相似性的平方项），再次引入调节变量（相对技术整合能力），最后引入自变量与调节变量的交互项。为了避免加入交互项后带来的多重共线性问题，我们首先分别对自变量与调节变量进行了中心化处理。

　　为确定回归分析模型能进行假设检验，我们使用方差膨胀因子（VIF）来检验多重共线性问题，用 DW 值来检验序列相关问题，用残差散点图来检验异方差问题。结果表明，各模型的 VIF 值在 1.000 ~ 6.409，均小于 10，可判定自变量间不存在多重共线性问题；模型的 DW 值为 2.207，不存在序列相关问题；残差散点图显示残差随机分布，没有明显的变化趋势，不存在异方差问题。因此，可以对模型进行假设检验。多元层级回归结果见表 5 - 6 "技术相似性、相对技术整合能力对并购企业创新绩效的回归结果"中的模型 7 至模型 12（M7 ~ M12）。

　　其中 M7 ~ M9 与 M1 ~ M3 对应相同，分别是控制变量、技术相似性和技术相似性的平方项对并购企业创新绩效的回归结果，不再赘述。

　　接下来进行调节作用检验，即检验并购企业相对技术整合能力对并购双方企业技术相似性与并购企业创新绩效之间关系的调节作用。首先，在 M9 的基础上，我们加入并购企业的相对技术整合能力，构成模型 M10，检验调节变量——并购企业的相对技术整合能力对并购企业创新绩效的直接影响。结果表明，并购企业的相对技术整合能力对并购企业创新绩效具有负向影响但并不显著（$r = -0.108$，$p > 0.10$）。然后，为了检验并购企业的相对技术整合能力对技术相似性与并购企业创新绩效之间关系的调节作用，我们将调节变量与自变量的交互项——并购企业的相对技术整合能力与技术相似性的乘积，以及并购企业的相对技术整合能力与技术相似性平方项的乘积逐步加入模型进行回归检验，构成模型 M11 和模型 M12。M11 的回归分析结果表明，并购企业的相对技术整合能力对技术相似性和并购企业创新绩效之间的关系具有调节作用，且在 90% 的置信水平上显著（$r = -0.317$，$p < 0.10$）。M12 的回归分析结果表明，并购企业的相对技术整合能力对技术相似性与并购企业创新绩效之间的倒 U 形关系具有调节作用，且在 95% 的置信水平上显著（$r = 0.439$，$p < 0.05$）。假设 H3 部分得到验证。至此，结合前面对技术相似性、并购企业绝对技术整合能力对并购企业创新绩效的多元

层级回归结果可知，并购企业的技术整合能力（绝对技术整合能力和相对技术整合能力）对技术相似性与并购企业创新绩效之间的倒 U 形关系具有调节作用。假设 H3 成立。

表 5-6 技术相似性、相对技术整合能力对并购企业创新绩效的回归结果

变量	并购企业创新绩效					
	M7	M8	M9	M10	M11	M12
控制变量						
并购经验	-0.018 (-0.146)	-0.018 (-0.144)	-0.025 (-0.208)	-0.038 (-0.312)	-0.063 (-0.528)	-0.058 (-0.497)
文化相似性	0.075 (0.618)	0.072 (0.582)	0.073 (0.605)	0.091 (0.743)	0.108 (0.894)	0.069 (0.577)
自变量						
技术相似性		0.028 (0.227)	0.258 (1.552)	0.222 (1.291)	0.164 (0.956)	0.128 (0.762)
技术相似性的平方项			-0.334** (-2.012)	-0.306* (-1.802)	-0.235 (-1.386)	-0.221 (-1.335)
调节变量						
相对技术整合能力				-0.108 (-0.851)	-0.333* (-1.977)	-0.814*** (-2.801)
交互项						
技术相似性 × 相对技术整合能力					-0.317* (-1.972)	-0.568*** (-2.830)
技术相似性的平方项 × 相对技术整合能力						0.439** (2.008)
R^2	0.006	0.007	0.065	0.075	0.129	0.182
F 值	0.202	0.150	1.130	1.045	1.558	1.976*
ΔR^2	0.006	0.001	0.058	0.010	0.054	0.053
ΔF	0.202	0.051	4.048**	0.725	3.888*	4.032**

注：$n = 70$；*** 表示 $p < 0.01$，** 表示 $p < 0.05$，* 表示 $p < 0.10$；括号内为 t 值。

　　为了进一步探讨并购企业在相对技术整合能力高低不同情况下，对技术相似性和并购企业创新绩效可能产生的不同程度的调节作用，我们参考 Aiken 和 West（1991）的建议，绘制出并购企业在高相对技术整合能力和低相对技术整合能力两种不同的情形下，对技术相似性和并购企业创新绩效之间关系的调节作用图，如图 5 – 3 所示。图 5 – 3 可以进一步展现并购企业在相对技术整合能力高低不同情况下，对技术相似性与并购企业创新绩效之间关系的不同调节作用。

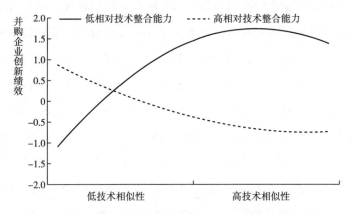

图 5 – 3　不同相对技术整合能力对技术相似性与并购企业
创新绩效关系的调节作用

　　与低绝对技术整合能力的调节作用相似，当并购企业具有低相对技术整合能力时，并购双方企业的技术相似性与并购企业创新绩效之间仍然具有倒 U 形关系，假设 H3b 部分得到验证。进一步地，与并购企业低绝对技术整合能力对技术相似性和并购企业创新绩效之间关系的调节作用相比，并购企业低相对技术整合能力的调节作用没有那么明显。在低绝对技术整合能力情况下，并购企业的学习能力较差，随着技术相似性不断提高而出现的学习空间有限、创新路径依赖等负面效应将会较早出现并占主导地位；而低相对技术整合能力通过并购后的组织和整合机制间接影响知识的吸收，对该类负面效应的调节作用并不会很明显。故此，并购企业的低相对技术整合能力相对于低绝对技术整合能力，会使得技术相似性与并购企业创新绩效之间的负相关关系较晚且较不明显地呈现出来。至此，结合低绝对技术整合能力对并购双方企业的技术相似性与并购企业创新绩效之间关系的调节作用结果可知，当并购企业的技术整合能力（绝对技术整合能力或相对技术整合能力）较低时，技术相似性与创新绩效之间仍呈现倒 U 形关系，其中，绝对技术整合能力对两者之间倒 U 形关系的调节作用更为明显。假设 H3b 成立。

图 5-3 的调节作用结果显示，当并购企业具有高相对技术整合能力时，并购双方企业的技术相似性与并购企业创新绩效之间不再呈现倒 U 形关系，而是表现为负相关关系。这说明当并购企业具有较高相对技术整合能力时，并购企业具有较强的学习能力和组织整合能力，即使并购双方企业的技术相似性较低，并购企业也能通过这些优势克服其产生的不利效应；相反，随着并购双方企业的技术相似性提高，学习机会减少以及创新路径依赖这一不利影响越来越凸显，较高相对技术整合能力所具备的较强的学习能力优势和组织整合能力优势反而不能有效发挥出来。故此，在并购企业较高相对技术整合能力的调节作用下，在技术相似性较低的情形下，并购企业创新绩效可能表现为较高，而随着技术相似性不断提高，并购企业创新绩效反而会降低。假设 H3a部分得到验证。

（四）技术互补性、技术整合能力与创新绩效的回归结果

根据前文的分析，我们将对并购双方企业技术互补性与技术获取型境外并购企业创新绩效之间的正相关关系进行检验，并进一步分别探讨并购企业绝对技术整合能力和相对技术整合能力对并购双方企业技术互补性与技术获取型境外并购创新绩效关系的调节作用。下面分别将并购企业的绝对技术整合能力和相对技术整合能力作为调节变量引入检验模型，进行多元层级回归分析。

1. 技术互补性、绝对技术整合能力与境外并购企业创新绩效之间的关系

根据前文的理论假设，技术互补性与技术获取型境外并购创新绩效之间呈正相关关系，因此在层级回归分析中我们首先引入控制变量（并购经验和文化相似性），其次引入自变量（技术互补性），再次引入调节变量（绝对技术整合能力），最后引入自变量与调节变量的交互项。为了避免加入交互项后带来的多重共线性问题，我们首先分别对自变量与调节变量进行了中心化处理。

为确定回归分析模型能进行假设检验，我们使用方差膨胀因子（VIF）来检验多重共线性问题，用 DW 值来检验序列相关问题，用残差散点图来检验异方差问题。由经验法则可知，当最大的方差膨胀因子 $VIF = \max \{VIF_1, VIF_2, \cdots, VIF_n\} \leqslant 10$ 时，表明模型不存在多重共线性问题。结果表明，各模型的 VIF 值在 1.000 ~ 1.447，均小于 10，可判定自变量间不存在多重共线性问题；模型的 DW 值为 2.205，不存在序列相关问题；残差散点图显示残差随机分布，没有明显的变化趋势，不存在异方差问题。因此，可以对模型进行假设检验。多元层级回归结果见表 5 - 7 "技术互补性、绝对技术整合能力对并购企业创新绩效的回归结果" 中的模型 13 至模型 16（M13 ~ M16）。

其中 M13 与 M1 对应相同，是控制变量（并购经验和文化相似性）对并购企业创新绩效的回归结果，不再赘述。

（1）主效应检验

我们对并购双方企业技术互补性与技术获取型境外并购后并购企业创新绩效之间的正相关关系进行检验。在 M13 的基础上，将技术互补性变量直接加入 M14 进行回归。结果显示，在控制干扰变量的情况下，技术互补性与并购企业创新绩效之间呈正相关关系，相关系数 $r = 0.315$，且 $p < 0.01$，说明技术互补性与并购企业创新绩效之间的正相关关系在 99% 的置信水平上显著。假设 H2 得到验证。

表 5 - 7　技术互补性、绝对技术整合能力对并购企业创新绩效的回归结果

变量	并购企业创新绩效			
	M13	M14	M15	M16
控制变量				
并购经验	- 0.018 (- 0.146)	- 0.050 (- 0.429)	- 0.078 (- 0.676)	- 0.097 (- 0.876)
文化相似性	0.075 (0.618)	0.065 (0.556)	0.094 (0.815)	0.077 (0.698)
自变量				
技术互补性		0.315 *** (2.689)	0.259 ** (2.201)	0.278 ** (2.452)
调节变量				
绝对技术整合能力			0.278 ** (2.043)	0.080 (0.609)
交互项				
技术互补性 × 绝对技术 整合能力				0.317 ** (2.491)
R^2	0.006	0.104	0.158	0.233
F 值	0.202	2.557 *	3.054 **	3.879 ***
ΔR^2	0.006	0.098	0.054	0.074
ΔF	0.202	7.229 ***	4.174 **	6.203 **

注：$n = 70$；*** 表示 $p < 0.01$，** 表示 $p < 0.05$，* 表示 $p < 0.10$；括号内为 t 值。

（2）调节作用检验

接下来，我们检验并购企业的绝对技术整合能力对并购双方企业技术互补性与并购企业创新绩效之间关系的调节作用。首先，在 M14 的基础上，我们加入并购企业的绝对技术整合能力，构成模型 M15，检验调节变量——并购企业的绝对技术整合能力对并购企业创新绩效的直接影响。结果表明，在控制了技术互补性后，并购企业的绝对技术整合能力对并购企业创新绩效有正向影响且在 95% 的置信水平上显著（$r = 0.278$，$p < 0.05$）。然后，为了检验并购企业的绝对技术

整合能力对技术互补性与并购企业创新绩效之间关系的调节作用，我们将调节变量与自变量的交互项——并购企业的绝对技术整合能力与技术互补性的乘积加入模型进行回归检验，构成模型 M16。回归分析结果表明，并购企业的绝对技术整合能力对技术互补性和并购企业创新绩效之间的关系具有显著的正向调节作用，且在 95% 的置信水平上显著（$r = 0.317$，$p < 0.05$）。假设 H4 部分得到验证。

　　为了进一步探讨并购企业在绝对技术整合能力高低不同情况下，对技术互补性和并购企业创新绩效关系可能产生的不同程度的调节作用，我们参考 Aiken 和 West（1991）的建议，绘制出并购企业在高绝对技术整合能力和低绝对技术整合能力两种不同的情形下，对技术互补性和并购企业创新绩效之间关系的调节作用图，如图 5-4 所示。图 5-4 可以进一步展现并购企业在绝对技术整合能力高低不同情况下，对技术互补性与并购企业创新绩效之间关系的不同调节作用。

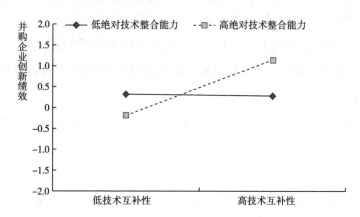

图 5-4　不同绝对技术整合能力对技术互补性与并购企业创新绩效关系的调节作用

　　当并购企业具有高绝对技术整合能力时，并购双方企业的技术互补性与并购企业创新绩效之间呈显著正相关关系。这说明当并购企业具有高绝对技术整合能力时，并购企业拥有更强的学习能力和技术开发能力，随着并购双方企业技术互补性不断提高，高绝对技术整合能力使得并购企业能够充分利用并购双方企业在窄范围技术领域的聚焦点不同，促进不同技术领域的关键知识结合，实现技术互补性带来的研发范围经济效应；同时，高绝对技术整合能力还有助于并购企业充分利用技术互补性所扩展的技术研究视角，扩大发明研究的范围，创造出更丰富的研究成果。故此，高绝对技术整合能力对技术互补性与创新绩效之间的正相关关系有明显的正向增强调节作用。假设 H4a 部分得到验证。

反过来，从图 5-4 的调节作用结果我们可以看到，当并购企业具有低绝对技术整合能力时，并购双方企业的技术互补性与并购企业创新绩效之间的正相关关系明显弱化，甚至略微呈现反方向变动的趋势。这说明当并购企业的绝对技术整合能力较低时，并购企业既不能充分利用并购双方技术互补性不断提高所带来的研发范围经济效应，也不能充分利用技术互补性提高所带来的技术研究范围扩展，促进丰富研究成果的出现，显著削弱并购双方技术互补性与并购企业创新绩效之间的正相关关系。故此，低绝对技术整合能力对技术互补性与创新绩效之间的正相关关系有明显的正向削弱调节作用。假设 H4b 部分得到验证。

2. 技术互补性、相对技术整合能力与境外并购企业创新绩效之间的关系

根据前文的理论假设，技术互补性与技术获取型境外并购创新绩效之间呈正相关关系，因此在层级回归分析中我们首先引入控制变量（并购经验和文化相似性），其次引入自变量（技术互补性），再次引入调节变量（相对技术整合能力），最后引入自变量与调节变量的交互项。为了避免加入交互项后带来的多重共线性问题，我们首先分别对自变量与调节变量进行了中心化处理。

为确定回归分析模型能进行假设检验，我们使用方差膨胀因子（VIF）来检验多重共线性问题，用 DW 值来检验序列相关问题，用残差散点图来检验异方差问题。结果表明，各模型的 VIF 值在 1.000 ~ 1.238，均小于 10，可判定自变量间不存在多重共线性问题；模型的

DW 值为 2.109，不存在序列相关问题；残差散点图显示残差随机分布，没有明显的变化趋势，不存在异方差问题。因此，可以对模型进行假设检验。多元层级回归结果见表 5 - 8 "技术互补性、相对技术整合能力对并购企业创新绩效的回归结果" 中的模型 17 至模型 20 （M17 ~ M20）。

表 5 - 8 技术互补性、相对技术整合能力对并购企业创新绩效的回归结果

变量	并购企业创新绩效			
	M17	M18	M19	M20
控制变量				
并购经验	- 0.018 (- 0.146)	- 0.050 (- 0.429)	- 0.076 (- 0.648)	- 0.069 (- 0.609)
文化相似性	0.075 (0.618)	0.065 (0.556)	0.093 (0.797)	0.039 (0.332)
自变量				
技术互补性		0.315 *** (2.689)	0.334 *** (2.871)	0.343 *** (3.025)
调节变量				
相对技术整合能力			- 0.188 (- 1.595)	- 0.284 ** (- 2.305)
交互项				
技术互补性 × 相对技术整合能力				0.268 ** (2.151)
R^2	0.006	0.104	0.138	0.193
F 值	0.202	2.557 *	2.598 **	3.120 **
ΔR^2	0.006	0.098	0.034	0.058
ΔF	0.202	7.229 ***	2.543	4.626 **

注：$n=70$；*** 表示 $p<0.01$，** 表示 $p<0.05$，* 表示 $p<0.10$；括号内为 t 值。

其中 M17 ~ M18 与 M13 ~ M14 对应相同，分别是控制变量（并购经验和文化相似性）和技术互补性对并购企业创新绩效的回归结果，不再赘述。

接下来进行调节作用检验，即检验并购企业相对技术整合能力对并

购双方企业技术互补性与并购企业创新绩效之间关系的调节作用。首先，在 M18 的基础上，我们加入并购企业的相对技术整合能力，构成模型 M19，检验调节变量——并购企业的相对技术整合能力对并购企业创新绩效的直接影响。结果表明，在控制了技术互补性后，并购企业的相对技术整合能力对并购企业创新绩效有负向影响但不显著（$r = -0.188$，$p > 0.10$）。然后，为了检验并购企业的相对技术整合能力对技术互补性与并购企业创新绩效之间关系的调节作用，我们将调节变量与自变量的交互项——并购企业的相对技术整合能力与技术互补性的乘积加入模型进行回归检验，构成模型 M20。回归分析结果表明，并购企业的相对技术整合能力对技术互补性和并购企业创新绩效之间的关系具有显著正向调节作用，且在 95% 的置信水平上显著（$r = 0.268$，$p < 0.05$）。假设 H4 部分得到验证。至此，结合前面对技术互补性、并购企业绝对技术整合能力对并购企业创新绩效的多元层级回归结果可知，并购企业的技术整合能力（绝对技术整合能力和相对技术整合能力）对技术互补性与并购企业创新绩效之间的正相关关系具有调节作用。假设 H4 成立。

为了进一步探讨并购企业在相对技术整合能力高低不同情况下，对技术互补性和并购企业创新绩效可能产生的不同程度的调节作用，我们参考 Aiken 和 West（1991）的建议，绘制出并购企业在高相对技术整合能力和低相对技术整合能力两种不同的情形下，对技术互补性和并购企业创新绩效之间关系的调节作用图，如图 5-5 所示。图 5-5 可以进一步展现并购企业在相对技术整合能力高低不同情况下，对技术互补性与并购企业创新绩效之间关系的不同调节作用。

当并购企业具有高相对技术整合能力时，并购双方企业的技术互补性与并购企业创新绩效之间呈显著正相关关系。这说明当并购企业具有高相对技术整合能力时，并购企业在并购后的吸收、整合和同化知识过程中，具有更强的技术知识和资源的组织整合能力，进一步促进了并购后技术协同效应的实现，对并购企业创新绩效的提升具有显著推动作

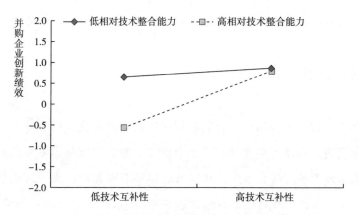

图 5 – 5　不同相对技术整合能力对技术互补性与并购企业
创新绩效关系的调节作用

用。故此，高相对技术整合能力对技术互补性与创新绩效之间的正相关
关系有明显的正向增强调节作用。假设 H4a 部分得到验证。至此，结
合高绝对技术整合能力对并购双方企业技术互补性与并购企业创新绩效
之间关系的调节作用结果可知，当并购企业技术整合能力（绝对技术整
合能力或相对技术整合能力）较高时，技术整合能力对技术互补性与创
新绩效之间的正相关关系有明显的正向增强调节作用。假设 H4a 成立。

与低绝对技术整合能力的调节作用相似，从图 5 – 5 的调节作用结
果我们可以看到，当并购企业具有低相对技术整合能力时，并购双方企
业的技术互补性与并购企业创新绩效之间的正相关关系明显弱化。这说
明当并购企业的相对技术整合能力较低时，并购企业没有足够的技术知
识和资源的组织整合能力去充分利用技术互补性提高所带来的技术协同
效应，技术互补性对并购后创新绩效的促进机制不能很好地发挥作用。
故此，低相对技术整合能力对技术互补性与创新绩效之间的正相关关系
有明显的正向削弱调节作用。假设 H4b 部分得到验证。至此，结合低
绝对技术整合能力对并购双方企业技术互补性与并购企业创新绩效之间
关系的调节作用结果可知，当并购企业的技术整合能力（绝对技术整合
能力或相对技术整合能力）较低时，技术整合能力对技术互补性与创新

绩效之间的正相关关系有明显的正向削弱调节作用。假设 H4b 成立。

五 本章小结

在本章的实证分析中，我们利用中国企业技术获取型境外并购的相关数据资料，围绕并购企业技术整合能力对并购双方技术联系性与并购后创新绩效关系的调节作用，对本书前述章节所提出的部分理论假设进行了检验。实证检验的结果总结如表 5 - 9 所示。实证检验的结果表明，中国企业技术获取型境外并购的实践基本上符合本书所阐释的理论机制，基于理论机制分析所提出的理论假设绝大部分得到了实践的支撑。

表 5 - 9　实证检验结果

假设提出	检验结果
假设 H1：并购双方企业的技术相似性与技术获取型境外并购后创新绩效之间呈现倒 U 形关系	成立
假设 H2：并购双方企业的技术互补性与技术获取型境外并购后创新绩效之间呈现正相关关系	成立
假设 H3：并购企业的技术整合能力（绝对技术整合能力和相对技术整合能力）对技术相似性与并购后创新绩效之间的倒 U 形关系具有调节作用	成立
假设 H3a：当并购企业的技术整合能力（绝对技术整合能力或相对技术整合能力）较高时，技术整合能力的调节作用使得技术相似性与创新绩效之间不再呈现倒 U 形关系，而呈现负相关关系	部分成立（其中绝对技术整合能力的调节作用不成立）
假设 H3b：当并购企业的技术整合能力（绝对技术整合能力或相对技术整合能力）较低时，技术相似性与创新绩效之间仍呈现倒 U 形关系，其中，绝对技术整合能力对两者之间倒 U 形关系的调节作用更为明显	成立
假设 H4：并购企业的技术整合能力（绝对技术整合能力和相对技术整合能力）对技术互补性与并购后创新绩效之间的正相关关系具有调节作用	成立

续表

假设提出	检验结果
假设 H4a：当并购企业的技术整合能力（绝对技术整合能力或相对技术整合能力）较高时，技术整合能力对技术互补性与创新绩效之间的正相关关系有明显的正向增强调节作用	成立
假设 H4b：当并购企业的技术整合能力（绝对技术整合能力或相对技术整合能力）较低时，技术整合能力对技术互补性与创新绩效之间的正相关关系有明显的正向削弱调节作用	成立

| 第六章 |

技术整合模式与技术联系性匹配性
选择的动态仿真分析

在第四章中，我们对技术整合模式的类型，以及并购实施后并购企业如何依据目标企业与自己的技术联系性特征选择相匹配的技术整合模式的机制展开了分析，得出了为使得并购后的技术协同效应最大化，提升并购企业在并购后的创新绩效，并购企业的技术整合模式应与并购双方技术联系性相匹配的理论推论。在本章中，我们拟基于知识生产函数模型，通过构建一个技术获取型境外并购的技术整合模型，运用动态仿真分析直接呈现技术整合模式与并购双方技术联系性特征之间匹配性选择的过程和本质，进一步探讨技术整合模式与技术联系性相匹配的技术整合策略对并购后并购企业创新绩效提升的影响。

一 技术整合模式与技术联系性匹配性选择的数理模型

本书采用知识生产函数模型作为技术整合模式与技术联系性匹配性选择数理模型的基本模型。格瑞里茨（Griliches，1979）最早提出了知识生产函数模型，以度量研发和知识溢出对企业或区域生产率或经济发展的影响，其基本假设认为创新产出是研发资本或研发人员投入的函数。杰菲（Jaffe，1989）在格瑞里茨研究的基础上，进一步指出影响新知识产出的重要投入变量不仅包括研发经费投入，还包括人力资源投入，并将这种关系用柯布－道格拉斯生产函数的形式表述出来，得到了Griliches－Jaffe 知识生产函数模型。赵红等（2006）进一步将知识生产函数模型一般化，认为知识生产系统的创新产出由知识生产系统资源投入体系中的 k 类不相关资源投入共同决定，并将其用柯布－道格拉斯生产函数的形式表述出来，得到了下面的一般知识生产函数模型：

$$Q = A \prod_{i=1}^{k} N_i^{\alpha_i} \varepsilon \quad 1 \leqslant k \leqslant n \qquad (6-1)$$

其中，Q 为知识生产系统在某一时间段的产出，A 为常数量，N_i 为知识生产系统的第 i 类投入，α_i 为第 i 类投入的产出弹性，ε 为误差项。

本书中，我们研究的是在技术获取型境外并购这一特殊情境下，并购企业通过对双方技术知识资源进行整合实现技术协同的知识产出，即企业并购后的创新绩效表现，进一步考察基于并购双方技术知识资源特性的技术整合模式选择对并购后创新绩效的影响。因此，借助知识生产函数模型的一般形式，我们构建出企业并购后通过对并购双方技术知识资源的整合所获得的创新产出函数模型，如下所示：

$$Y = A K_1^{\alpha} K_2^{\beta} \qquad (6-2)$$

其中，Y 表示技术获取型境外并购后并购企业的新知识产出，即企业并购后的创新绩效（如企业并购后的专利产出等）；A 表示并购后技术整合的系数；K_1 和 K_2 分别表示并购企业和目标企业在并购发生时所拥有的技术知识资源，代表双方在并购发生时各自的技术知识水平；α 和 β 分别代表并购企业和目标企业技术知识资源的产出弹性。

由于我们研究的是技术获取型境外并购，并购实施的主要目的是获取目标企业的技术知识，提高自身的技术水平，因此通常情况下目标企业的技术水平要高于并购企业，即通常情况下 $K_2 > K_1$。K_1 和 K_2 之间的差额，可以在一定程度上衡量并购双方企业技术水平的差异。为了分析简便，我们假定双方企业技术知识资源具有既定不变的产出弹性。由此，该模型中并购后创新绩效的获得直接取决于并购后技术整合的系数 A，这与我们的研究思路一致，即并购后技术协同效应要通过技术整合过程来实现。

在前面的研究中，我们已经指出，技术整合是指技术并购实施后，并购企业将目标企业的技术知识与自身环境相匹配，对外部技术知识和现有技术知识资源进行重新组合和优化配置，实现技术协同效应，完成新产品、新技术开发的过程。基于第四章理论机制的分析，并购后技术整合模式的选择会影响并购双方企业间的知识共享、转移和吸收，进而影响资源的优化配置效率。根据技术整合模式的界定和分类，其内涵构成中最为关键的两个因素就是并购后技术整合程度的高低以及给予目标企业自主性的高低，这两个因素的选择基本确定了并购后并购企业技术整合模式的选择。通过第四章技术整合模式与技术联系性的匹配性选择的机制分析，我们知道并购技术整合对并购后创新绩效的影响主要通过一正一负两条路径实现。一方面，并购后的技术整合有利于促进并购双方企业间的技术转移和吸收，可以通过对双方技术知识资源的优化配置实现研发的规模经济效应和范围经济效应，实现并购后的技术协同效应，促进新知识的产生，提升并购企业的创新绩效；另一方面，并购后的技术整合也可能面临阻碍，带来摩擦和冲突，给并购后的研发效率带来损害。并购后通过技术整合程度的高低，以及给予目标企业自主性的高低这两条路径对并购企业的创新绩效产生影响，而技术整合程度和目标企业自主性的选择（即技术并购模式的选择）又与并购双方企业的技术联系性特征息息相关。模型中技术整合的系数 A 的大小由技术整合模式选择与并购双方企业技术联系性的匹配性决定。在这一理论机制思想的指导下，我们通过对整合过程的刻画进一步确定仿真模型中技术整合的系数 A。

首先，假定技术获取型境外并购完成后，并购企业选择某一技术整合模式对所获取目标企业的技术知识资源与自身技术知识资源进行整合，假设该技术整合模式下的技术整合水平为 M （$M > 1$），则实施技术整合后并购企业的新知识产出效率相较于不进行任何程度的整合将会有所改变，假设改变程度为 φM，其中 $\varphi > 0$。

然后，我们考虑技术整合对并购后创新效率的正向促进作用。假定并购双方企业技术相似性程度为 s（$0 < s < 1$）、技术互补性程度为 c（$0 < c < 1$），考察在技术整合水平 M 下，并购双方企业的技术联系性特征对新知识产出效率的影响。技术相似性刻画了公司技术能力、熟练度和知识都在相同较窄范围的技术领域中的程度（Harrison et al.，1991；Ornaghi，2009；Cassiman et al.，2005）。对存在技术相似性的技术知识资源进行整合，有利于促进知识的转移和吸收，通过研发规模经济效应的实现提升技术知识资源的运用效率，即所谓的"效率性协同"。在前面的研究中，我们指出技术相似性程度与并购后创新绩效之间呈现倒 U 形关系，但在实证研究中我们发现在较强的绝对技术整合能力下，并购后的相似知识学习效应以及研发规模经济效应更为突出，使得技术相似性程度与并购后创新绩效呈现正相关关系。因此，我们认为通过对并购后相似性技术知识资源的整合可以形成"效率性协同"，促进并购后创新绩效的提升。技术相似性对并购后新知识产出效率的改变可以表示为 $(1 + s)M$，其中技术相似性程度满足 $0 < s < 1$。相对地，技术互补性是指并购双方企业的技术知识集中在不同的较窄范围的知识领域但是共享一个较为宽泛的知识领域的程度。对互补性技术知识资源进行整合，除了能带来效率协同外，还能够通过相互促进从不同的、相互支持的技术知识资源中创造新价值，给企业创造"单一企业所不能独立发展的能力"（Harrison et al.，1991；Capron et al.，1998；King et al.，2008），即所谓的"增长性协同"。因此，我们认为通过对并购后互补性技术知识资源的整合可以形成"增长性协同"，促进并购后创新绩效的提升。当并购双方企业的相似性技术知识和互补性技术知识同时存在时，共同

通过技术整合对并购后的技术创新绩效产生作用，两者共同对并购后新知识产出效率的改变可以表示为 $(1 + s + c)M$，其中技术互补性程度满足 $0 < c < 1$。

接着，我们考虑技术整合可能带来的摩擦和冲突，即技术整合对并购后创新效率的负向作用。假设在并购企业选择的技术整合模式下，技术整合水平 M 带来的整合成本为 $C(M)$，且有 $C'(M) > 0$，即满足随着技术整合水平 M 的提高，整合成本 $C(M)$ 不断增加。假设该整合成本给并购后新知识产出效率带来的损失为 $\delta(C)$，且有 $\delta'(C) > 0$，则技术整合给并购后新知识产出效率带来的损失可以表示为 $\delta(M)$，且有 $\delta'(M) > 0$。根据前面的理论机制分析，并购双方的技术相似性能够减少摩擦和冲突的产生，使得技术整合过程更容易，从而降低并购技术整合的成本；而并购双方企业的技术互补性会带来比技术相似性更强的碰撞和融合，并购后的技术整合过程可能出现更多更尖锐的排斥和冲突，技术整合面临更多的困难，从而导致技术整合的协调成本增加。因此，我们认为技术获取型境外并购企业技术整合的成本与并购双方企业的技术联系性特征相关，是双方技术相似性和技术互补性的函数，可以用函数 $f(s,c)$ 表示。该函数满足 $\frac{\partial f(s,c)}{\partial s} < 0$，$\frac{\partial f(s,c)}{\partial c} > 0$，即技术相似性对技术整合成本产生负向影响，技术整合成本随着并购双方技术相似性增强而减少；技术互补性对技术整合成本产生正向影响，技术整合成本随着并购双方技术互补性增强而增加。故此，在技术整合水平 M 下，考虑并购双方技术联系性的整合成本带来的产出效率损失可表示为 $f(s,c)\delta(M)$。至此，同时考虑并购双方企业技术相似性和技术互补性的促进作用和损害影响的技术整合水平 M 对并购后新知识产出效率的影响为 $[1 + s + c - f(s,c)\delta(M)]M$。

最后，我们考虑不同技术整合模式下的目标企业自主性对并购后创新效率的影响。技术获取型境外并购中目标企业的自主性是指，并购后并购企业给予目标方管理层决定自身原有日常经营管理权力的自由度和持续性（Datta & Grant，1990；Haspeslagh & Jemison，1991；Zaheer et al.，2013），其与技术整合程度一同构成技术整合模式中两个主要的互相独立的决策因素。根据前面的理论机制分析，目标方自主性程度会给并购后技术协同效应带来两个方面的影响。一方面，并购后给予目标企业较高的自主性有助于保留和提升目标方关键研发人员的生产力和生产积极性，并通过建立紧密的联系共同促进并购双方技术知识的传递与共享，从而促进并购后研发范围经济效应的实现；另一方面，并购后给予目标企业较高的自主性，在并购后的技术整合过程中目标企业亦可能由于管理人员和技术人员维护自身利益、控制资源权力和威望的私心对双方技术资源的流动和共享形成阻碍，造成并购后创新效率损失。结合并购双方技术联系性特征考虑，给予目标方较高自主性会对并购双方相似技术资源的有效转移和吸收形成障碍，其对并购后创新绩效的损害作用占主导，不利于并购后技术协同效应的实现；但目标方较高的自主性对于互补性技术资源的共享和促进作用较为明显，其对并购后创新绩效的促进作用占主导，有利于并购后技术协同效应的实现。因此，假设在并购后的技术整合过程中，给予目标企业的自主性程度为 a，且 $0 < a < 1$，则可以假定并购后目标企业的自主性程度对并购双方相似性技术资源的整合效率影响为 $\mu(a)$，对并购双方互补性技术资源的整合效率影响为 $\rho(a)$。显然，对于 $\mu(a)$，应满足 $\mu'(a) < 0$，$\mu''(a) < 0$，意味着目标方自主性越高，越不利于相似性技术资源的效率性协同的实现，且这种负面效应随着 a 的增大呈现边际递减；对于 $\rho(a)$，应满足 $\rho'(a) > 0$，$\rho''(a) < 0$，意味着目标方较高的自主性有助于互补性技术资源的共享与促进，促进互补性技术资源增长性协同的实现，且这种正面效应随着 a 的增大呈现边际递增，达到极大值后开始递减。至此，同时考虑技术整合模式中目标方自主性程度，以及并购双方企业技术相似性和技术互补性对并购后创新效率的影响，技术整合水平 M 对并购后新知识产出

效率的影响为 $[1 + s\mu(a) + c\rho(a) - f(s,c)\delta(M)]M$。

综上，通过对技术获取型境外并购后技术整合过程的刻画，考虑并购后技术整合模式（包括技术整合程度和目标方自主性两个主要构成）与并购双方技术联系性（技术相似性和技术互补性）特征，并购后并购企业通过对并购双方技术知识资源的整合所获得的创新产出函数模型可以具体表述为：

$$Y = [1 + s\mu(a) + c\rho(a) - f(s,c)\delta(M)]M \cdot K_1^{\alpha} K_2^{\beta} \qquad (6-3)$$

接下来，我们将以并购后创新产出最大化为目标，利用该函数模型对技术整合模式与并购双方技术联系性的匹配性选择展开仿真分析，运用动态的分析方法进一步考察并购双方企业技术相似性和技术互补性不同强弱组合下的技术整合模式选择，探讨其对并购后创新产出的影响。

二　仿真模型的构建与运行规则

研究采用多主体仿真（Multi - Agent Simulation，MAS）方法，运用 NetLogo 仿真平台对上一节所提出的并购创新产出函数模型进行动态仿真，探讨技术整合模式与并购双方技术联系性的匹配性选择对并购后创新产出的影响。

多主体仿真方法的建模方式是从底层建立仿真模型，每一个个体由相对比较简单的确定法则组成。建模思想认为，波动、不平衡是复杂系统运动的常态，系统本身处于不断运动变化当中。个体的运动和变化不是来自系统的外部，而是在一定条件下系统内部各种因素相互作用的结果。利用蒙特卡洛方法可以模拟这种随机状态，每一个个体根据其自身的准则产生近似随机行为的复杂现象，反映出"适应性造就复杂性"。个体之间的非线性作用使得整个系统的宏观状态不是各个微观个体的简单叠加，系统整体的性质与各子系统的性质并不存在必然的因果关系。

因此，基于多主体的计算模型具有更强的描述和表达能力，更接近客观现实世界的真实情况。而且，多主体的建模思想将系统的宏观变化看作微观变化导致的结果，赋予宏观模型一个虚拟的微观基础，便于探索微观层次众多个体交互作用导致整个系统显现某种动态演化的趋势，即宏观层次所呈现的模式或规律。因此，多主体仿真方法特别适合针对复杂性系统的研究，其应用研究遍布生命科学、环境科学、信息科学、社会学、经济学、地理、生物、数理、管理等很多学科领域。本书中，技术获取型境外并购双方处于一个复杂的经济环境系统中，在该复杂环境系统中，并购双方企业的行为符合多主体仿真所需的社会性、主动性、自治性等特点，并且具有可自主选择的行为规则（技术整合模式），因此可以利用多主体仿真方法对技术获取型境外并购中主体双方的特性和行为规则进行刻画，探讨其行为结果。在具体模拟仿真的软件选择上，本书选择 NetLogo 展开分析。NetLogo 是美国西北大学网络学习和计算机建模中心推出的可编程建模环境。NetLogo 以 Logo 语言为基础编写，又改进了 Logo 语言只能控制单一个体的不足，可以在建模中控制成千上万的个体，因此，本书运用 NetLogo 建模能很好地模拟微观个体的行为和宏观模式的涌现及两者之间的联系。

本书选择一个由 33 × 33 网格组成的球面世界来模拟技术相似性、互补性条件下技术获取型境外并购双方进行整合的网络，共计 1089 个网格。在这 1089 个网格中随机分布 100 个并购方主体和 100 个目标方主体。其中，并购方主体用 NetLogo 中的 turtles（海龟）表示，设定为黄色箭头，每一个并购方主体初始时具有 K_1 的技术知识水平，可在网络世界中随机游走；目标方主体用 NetLogo 中的 patches（瓦片）表示，设定为绿色方格，每一个目标方主体初始时具有 K_2 的技术知识水平，在网络世界中静止不动。在每一个仿真时序内，并购方主体（海龟）在网络世界中先原地在 0~360 度中旋转任意一个角度，然后前进一个步长，即一个网格的距离，到达与之相邻的八个网格中的任意一个（由旋转角度决定），当新到达的网格为目标方主体所在的绿色方格时，按照本章中技术整合水平 M 和目标方并购后自主性程度 a 的取值范围，在（1，5）区间内随机生成一个技术整合水平 M ①，在（0，1）区间内随机生成一个目标方自主性程度 a。同时，比较并购方主体（海龟）的技术知识水平 K_1 和目标方主体（瓦片）的技术知识水平 K_2，当满足 $K_1 < K_2$ 时，并购方主体可向目标方主体发起并购；并根据本章推导得到的并购后并购企业通过对并购双方技术知识资源的整合所获得的创新产出函数模型（6-3）来计算并购整合后获得的技术知识收益大小。在实验中，我们分别比较相同仿真时序内，不同技术相似性、技术互补性和不同技术整合模式下，仿真网络世界中100个并购方主体总的技术知识收益水平；通过对不同技术知识收益水平的比较，得出不同技术相似性、技术互补性情况下，采用何种技术整合模式能获得最大的并购后技术知识收益。

三　仿真模型的实验参数设置

（一）创新产出函数模型的一般化

在本章第一节中，我们推导得到了并购后并购企业通过对并购双方技术知识资源的整合所获得的创新产出函数模型：

$$Y = [1 + s\mu(a) + c\rho(a) - f(s,c)\delta(M)]M \cdot K_1^{\alpha} K_2^{\beta}$$

其中：对于 $\mu(a)$，应满足 $\mu'(a) < 0$，$\mu''(a) < 0$；对于 $\rho(a)$，应满足 $\rho'(a) > 0$，$\rho''(a) < 0$；对于 $f(s,c)$，应满足 $\dfrac{\partial f(s,c)}{\partial s} < 0$，$\dfrac{\partial f(s,c)}{\partial c} > 0$；对于 $\delta(M)$，应满足 $\delta'(M) > 0$。

---

① 虽然在上一节中，我们仅界定技术整合水平的范围为 $M > 1$，但在（1，5）区间内已能够观察到技术协同效应的极值，因此我们认为这是一个较为合理的仿真观察区间。

为简化计算，从下文起我们对以上抽象函数进行具体赋值，且不失一般性，我们根据相应函数需求，设置 $\mu(a) = 1 - a^2$，$\rho(a) = a^{\frac{1}{2}}$，$f(s,c) = 1 - s + c$，$\delta(M) = M/2$。

相应地，将创新产出函数模型一般化为：

$$Y = [1 + s(1 - a^2) + ca^{\frac{1}{2}} - (1 - s + c)M/2]M \cdot K_1^{\alpha} K_2^{\beta} \qquad (6-4)$$

（二）仿真模型核心参数和辅助参数的设置

根据本章第一节数理模型中各参数的取值范围和实际经济意义等，对仿真实验中需用的各核心参数和辅助参数的设置如表6－1和表6－2所示。

由于主体行为规则和模型初始参数设置等原因，仿真研究要做到只进行一次实验就达到合理预期是非常困难的，需要在原始仿真模型的基础上不断修正主体行为规则和模型初始参数值，直至模型建立成功。本书呈现的相关参数设定是在经过多次试错以后，最终选取的较能体现总体实验结果的其中一种。[1]

表6－1共三部分。第一部分的4个模型即模型1~4表示的是在并购双方技术相似性强互补性弱的情形下，并购方应采取哪种技术整合模式（由整合程度和目标方自主性两个维度决定）才能达到并购绩效最优。模型1表示在技术相似性强互补性弱的情形下，应采用技术保留模式（低整合程度高自主性）的仿真实验；在模型1的每一个仿真时序内，我们设定当整合程度 $1 < M \leq 3$，目标方自主性程度 $0.5 < a < 1$，且并购方主体（海龟）的技术知识水平 K_1 小于目标方主体（瓦片）的技术知识水平 K_2 时，技术获取型境外并购发生。类似地，模型3和模型4分别表示在技术相似性强互补性弱的情形下，采用技术共生模式（高整合程度高自主性）和技术吸收模式（高整合程度低自主性）的仿

---

[1]　虽然相关参数的设定存在一定的主观性，但本书的仿真研究中，参数设定值并不影响仿真的宏观结果，可以反映数理模型内涵的客观规律，因此仍具有较强的客观和现实意义。

真实验。在实验过程中，各模型的 M 和 a 值按模型设定的取值范围相应改变。需要说明的是，模型 2 对应的技术相似性和技术互补性强弱组合情形在前述技术整合模式的理论构建中并无相应的类别，但在仿真实验中，为保证实验数据的完备性和实验结果的可比性，我们仍将低整合程度低自主性的情形作为虚拟模式进行了相应的仿真实验。表 6 - 1 的第二部分模型 5 ~ 8 和第三部分模型 9 ~ 12 分别表示在并购双方技术相似性弱互补性强和技术相似性强互补性强两种情形下，并购方应采取哪种技术整合模式才能达到并购绩效最优，所有模型参数的意义及设置与第一部分类似，在此不再赘述。

表 6 - 1 仿真实验核心参数设置

技术相似性、互补性	并购后技术整合模式	模型
1. 技术相似性强互补性弱时使得技术知识产出收益最大化的最优技术整合模式		
$s = 0.8, c = 0.2$	$M \in (1,3]$, $a \in (0.5,1)$（低整合程度高自主性——技术保留模式）	模型 1
	$M \in (1,3]$, $a \in (0,0.5]$（低整合程度低自主性——虚拟模式）	模型 2
	$M \in (3,5)$, $a \in (0.5,1)$（高整合程度高自主性——技术共生模式）	模型 3
	$M \in (3,5)$, $a \in (0,0.5]$（高整合程度低自主性——技术吸收模式）	模型 4
2. 技术相似性弱互补性强时使得技术知识产出收益最大化的最优技术整合模式		
$s = 0.2, c = 0.8$	$M \in (1,3]$, $a \in (0.5,1)$（低整合程度高自主性——技术保留模式）	模型 5
	$M \in (1,3]$, $a \in (0,0.5]$（低整合程度低自主性——虚拟模式）	模型 6
	$M \in (3,5)$, $a \in (0.5,1)$（高整合程度高自主性——技术共生模式）	模型 7
	$M \in (3,5)$, $a \in (0,0.5]$（高整合程度低自主性——技术吸收模式）	模型 8

技术相似性、互补性	并购后技术整合模式	模型
	3. 技术相似性强互补性强时使得技术知识产出收益最大化的最优技术整合模式	
$s = 0.8,\ c = 0.8$	$M \in (1,3]$，$a \in (0.5,1)$（低整合程度高自主性——技术保留模式）	模型 9
	$M \in (1,3]$，$a \in (0,0.5)$（低整合程度低自主性——虚拟模式）	模型 10
	$M \in (3,5)$，$a \in (0.5,1)$（高整合程度高自主性——技术共生模式）	模型 11
	$M \in (3,5)$，$a \in (0,0.5)$（高整合程度低自主性——技术吸收模式）	模型 12

表 6-2 给出了仿真实验的辅助参数设置情况。α 和 β 分别代表并购企业和目标企业技术知识资源的产出弹性，基于双方企业技术知识资源具有既定不变产出弹性的研究假定，分别赋值 2/3 和 1/3。K_1 和 K_2 分别表示并购企业和目标企业的技术知识水平，为满足当 $K_1 < K_2$ 时，并购方主体可向目标方主体发起并购的设定条件，设置并购企业技术知识水平 K_1 的初始值为区间（10，50）的随机数，设置目标企业技术知识水平 K_2 的初始值为区间（10，100）的随机数。

表 6-2　仿真实验辅助参数设置

α	β	K_1	K_2
2/3	1/3	（10，50）	（10，100）

经过仿真实验模拟，所有的仿真模型在进行到步长或时序（tick）为 100 时，并购后技术知识产出总收益值趋于稳定，因此，最终得到的是仿真实验进行到步长或时序为 100 时的总收益值。为了排除单次仿真实验的不稳定性，将每一个模型均重复运行 100 次，取输出结果的平均值进行展示和分析。

四 仿真实验结果分析

（一）技术相似性强互补性弱情形下的技术整合模式仿真结果分析

首先，我们用模型 1～4 来仿真实现在并购双方技术相似性强互补性弱情形下，采取不同的技术整合模式时，对应的并购后技术知识产出收益情况。图 6-1 为模型 1～4 应用 NetLogo 4.0 软件，根据研究设置的仿真模型、运行规则和实验参数得出的仿真结果。

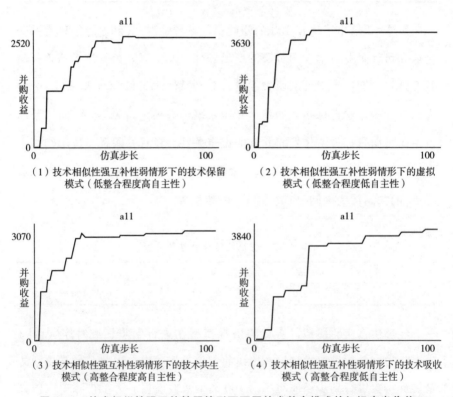

（1）技术相似性强互补性弱情形下的技术保留模式（低整合程度高自主性）

（2）技术相似性强互补性弱情形下的虚拟模式（低整合程度低自主性）

（3）技术相似性强互补性弱情形下的技术共生模式（高整合程度高自主性）

（4）技术相似性强互补性弱情形下的技术吸收模式（高整合程度低自主性）

图 6-1 技术相似性强互补性弱情形下不同技术整合模式的知识产出收益

从图 6-1 展示的仿真实验结果可以看出，各个仿真模型的结果均在步长或时序 100 以内达到稳定。显然，从图中我们可以看到，在并购双方企业技术相似性强互补性弱的情形下，采取以高整合程度和低目标方自主性程度为主要特征的技术吸收模式进行并购后技术整合，仿真达到稳定后的知识产出收益最高；采取以低整合程度和高目标方自主性程度为主要特征的技术保留模式进行并购后技术整合，仿真达到稳定后的知识产出收益最低；采取技术共生模式（高整合程度和高目标方自主性程度）和虚拟模式（低整合程度和低目标方自主性程度）进行并购后技术整合，仿真达到稳定后的知识产出收益介于前两种情形之间。因此模型 1~4 的仿真结果说明，在技术获取型境外并购中，如果并购双方企业的技术相似性强互补性弱，则应采用技术吸收模式（高整合程度和低目标方自主性程度），以实现并购后技术知识产出收益的最大化。假设 H5 得证。

（二）技术相似性弱互补性强情形下的技术整合模式仿真结果分析

其次，我们用模型 5~8 来仿真实现在并购双方技术相似性弱互补性强的情形下，采取不同的技术整合模式时，对应的并购后技术知识产出收益情况。图 6-2 给出了模型 5~8 应用 NetLogo 4.0 软件，根据研究设置的仿真模型、运行规则和实验参数得出的仿真结果。

从图 6-2 展示的仿真实验结果可以看出，各个仿真模型的结果均在步长或时序 100 以内达到稳定。显然，从图中我们可以看到，在并购双方企业技术相似性弱互补性强的情形下，采取以低整合程度和高目标方自主性程度为主要特征的技术保留模式进行并购后技术整合，仿真达到稳定后的知识产出收益最高；采取以高整合程度和低目标方自主性程度为主要特征的技术吸收模式进行并购后技术整合，仿真达到稳定后的知识产出收益最低；采取技术共生模式（高整合程度和高目标方自主性程度）和虚拟模式（低整合程度和低目标方自主性程度）进行并购后

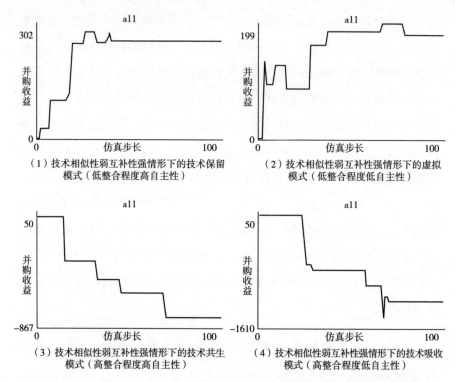

（1）技术相似性弱互补性强情形下的技术保留　　（2）技术相似性弱互补性强情形下的虚拟
　　　模式（低整合程度高自主性）　　　　　　　　　　　模式（低整合程度低自主性）

（3）技术相似性弱互补性强情形下的技术共生　　（4）技术相似性弱互补性强情形下的技术吸收
　　　模式（高整合程度高自主性）　　　　　　　　　　　模式（高整合程度低自主性）

图 6 - 2　技术相似性弱互补性强情形下不同技术整合模式的知识产出收益

技术整合，仿真达到稳定后的知识产出收益介于前两种情形之间。尤其需要注意的是，当并购双方企业的技术相似性弱互补性强时，应避免采用技术共生模式和技术吸收模式，否则，并购不仅不能实现技术协同效应，甚至还可能得不到正的技术知识收益，有损并购企业的创新绩效。因此模型 5～8 的仿真结果说明，在技术获取型境外并购中，如果并购双方企业的技术相似性弱互补性强，则应采用技术保留模式（低整合程度和高目标方自主性程度），以实现并购后技术知识产出收益的最大化。假设 H6 得证。

（三）技术相似性强互补性强情形下的技术整合模式仿真结果分析

最后，我们用模型 9～12 来仿真实现在并购双方技术相似性强互补性强情形下，采取不同的技术整合模式时，对应的并购后技术知识产出收益情况。图 6-3 为模型 9~12 应用 NetLogo 4.0 软件，根据研究设置的仿真模型、运行规则和实验参数得出的仿真结果。

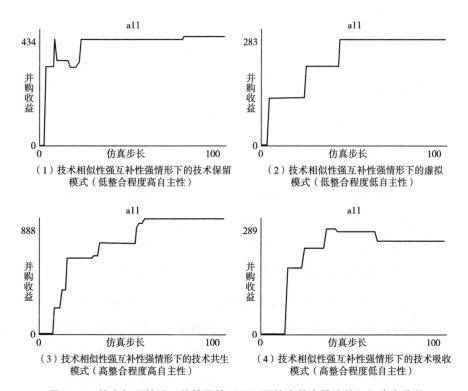

（1）技术相似性强互补性强情形下的技术保留模式（低整合程度高自主性）

（2）技术相似性强互补性强情形下的虚拟模式（低整合程度低自主性）

（3）技术相似性强互补性强情形下的技术共生模式（高整合程度高自主性）

（4）技术相似性强互补性强情形下的技术吸收模式（高整合程度低自主性）

图 6-3　技术相似性强互补性强情形下不同技术整合模式的知识产出收益

从图 6-3 展示的仿真实验结果可以看出，各个仿真模型的结果均在步长或时序 100 以内达到稳定。显然，从图中我们可以看到，在并购双方企业技术相似性和技术互补性均强的情形下，采取以高整合程度和高目标方自主性程度为主要特征的技术共生模式进行并购后技术整合，仿真达到稳定后的知识产出收益最高；采取以低整合程度和低目标方自主性程度为主要特征的虚拟模式进行并购后技术整合，仿真达到稳定后的知识产出收益最低；采取技术保留模式（低整合程度和高目标方自主性程度）和技术吸收模式（高整合程度和低目标方自主性程度）进行并购后技术整合，仿真达到稳定后的知识产出收益介于前两种情形之间。因此模型9~12的仿真结果说明，在技术获取型境外并购中，如果并购双方企业的技术相似性和技术互补性均强，则应采用技术共生模式（高整合程度和高目标方自主性程度），以实现并购后技术知识产出收益的最大化。假设H7得证。

五　本章小结

本章在柯布－道格拉斯生产函数的基础上，通过对技术获取型境外并购整合过程的刻画，结合第四章的理论分析，推导得出了考虑并购双方技术相似性和技术互补性强弱组合不同情形下的并购后技术知识产出收益函数模型，并对其进行了一般化处理；基于多主体仿真的研究方法，根据仿真实验软件的需求和模型及参数的实际现实意义，分析设置了仿真实验模型和主体运行规则及仿真实验参数，运用NetLogo 4.0软件仿真实验了在技术获取型境外并购中，并购双方企业技术相似性和技术互补性不同强弱组合情形下，选择运用各种技术整合模式（以并购整合程度与目标方自主性程度为主要构成维度）对并购后技术知识产出的影响，为前文研究理论假设的验证提供了支持。多主体仿真分析得到的结论为：在技术获取型境外并购中，当并购双方技术相似性强互补性弱时应采用技术吸收模式（以高整合程度和低目标方自主性程度为主要特征），当并购双方技术相似性弱互补性强时应采用技术保留模式（以低整合程度和高目标方自主性程度为主要特征），当并购双方技术相似性和技术互补性均强的情形下则应采用技术共生模式（以高整合程度和高目标方自主性程度为主要特征），以实现并购后技术知识产出收益的最大化。

| 第七章 |

结论与展望

一 主要研究结论

本书对技术获取型境外并购中并购双方企业的技术联系性、并购企业的技术整合,以及并购后的创新绩效展开全面分析,探讨了并购双方技术联系性和并购技术整合对并购后创新绩效的影响机制。研究表明,在技术获取型境外并购中,并购双方的技术联系性对并购创新绩效产生影响,而并购企业的技术整合能力以及并购后对技术整合模式的选择,均会对这种影响产生调节作用。基于此,本书进一步对技术整合能力对并购双方技术联系性与并购后创新绩效之间关系的调节作用,以及技术整合模式与并购双方技术联系性的匹配性选择分别进行了实证分析和仿真分析。本书的主要研究结论如下。

1. 技术联系性以及技术整合的内涵、维度

本书全面分析了技术获取型境外并购中的技术联系性以及技术整合的内涵、维度。在技术获取型境外并购中,并购双方的技术联系性包括技术相似性和技术互补性两个维度,其中技术相似性是指并购双方企业解决的技术难题集中到一个较窄的知识领域的相似程度,而技术互补性是指并购双方企业解决的科技难题集中到不同的较窄的知识领域但是共享一个较为宽泛的知识领域的互补程度。并购后的技术整合是指技术并

购实施后，并购企业将目标企业的技术知识与自身环境相匹配，对外部技术知识和现有技术知识资源进行重新组合和优化配置，实现技术协同效应，完成新产品、新技术开发的过程，由技术整合能力和技术整合模式两大维度构成。其中，技术整合能力主要是指并购企业对技术知识的吸收能力，按来源可分为绝对技术整合能力和相对技术整合能力两个维度；技术整合模式是对并购整合程度、目标方自主性以及并购整合速度等策略选择的综合刻画，主要包括技术保留模式、技术吸收模式和技术共生模式三大类。

2. 探索性案例研究结论

通过对三一重工并购德国普茨迈斯特和上工申贝并购德国 DA 公司的案例分析，本书发现，技术获取型境外并购中并购双方企业的技术状况、并购后的技术整合过程以及并购后的创新绩效之间是相互决定的，其中并购后的技术整合策略选择十分关键，根据双方并购技术状况的不同，应选择不同的并购整合策略。

第一，在三一重工对德国普茨迈斯特的并购案例中，并购双方企业的技术具有很强的互补性，而且并购双方均具有较强的研发能力，属于"强强联合"，三一重工对德国普茨迈斯特的技术具有较强的吸收和整合能力。三一重工在并购后的技术整合中，对普茨迈斯特选择了低程度整合的策略，并尽可能地维护普茨迈斯特的独立性，给予对方极大的自主性，以尊重和共享赢得普茨迈斯特的合作意愿，三一重工在频繁和平等的合作与交流中逐步实现对普茨迈斯特核心技术的吸收。在这种双方技术状况和并购后技术整合策略的匹配性选择下，三一重工取得了较好的并购创新绩效，获得了成功。

第二，在上工申贝对德国 DA 公司的并购案例中，并购双方企业的技术具有很强的相似性，但并购双方的技术水平差距较大，上工申贝的研发能力明显弱于德国 DA 公司，属于典型的"以小吃大"，上工申贝对德国 DA 公司的技术吸收和整合能力明显较弱。上工申贝在并购后的技术整合中，迅速入主德国 DA 公司，在尽力维护其管理层和核心研发团队相对稳定的同时，将其纳入集团战略布局加以掌控，并围绕集团整体战略布局，从快速应用 DA 公司的先进技术、通过对 DA 公司的产品进行转移迅速转移和吸收 DA 公司的先进技术、针对本土生产和运营进行整改以实现上工申贝本土产品的技术升级几个方面，展开了全面的、大刀阔斧的技术整合。在这种双方技术状况和并购后技术整合策略的匹配性选择下，上工申贝也取得了较好的并购创新绩效，获得了成功。

3. 模型实证研究结论

通过计量模型检验，本书证实了在中国企业的技术获取型境外并购中，并购双方的技术联系性对并购后的创新绩效具有显著影响，且并购企业的技术整合能力对技术联系性与并购后创新绩效的关系具有调节作用。

第一，并购双方企业的技术相似性与技术获取型境外并购后的并购企业创新绩效之间呈倒 U 形关系。在双方技术相似性较低的情况下，随着技术相似性的逐步提高，并购企业的创新绩效亦随之提高；但当双方技术相似性达到一定的临界值之后，随着技术相似性的进一步提高，并购企业的创新绩效开始逐步下降，两者从最初的正相关关系变成负相关关系。

进一步地，当并购企业具有低技术整合能力时，双方技术相似性与并购企业创新绩效之间的倒 U 形关系会得到强化调节，尤其是当并购企业的绝对技术整合能力较低时，相对于低相对技术整合能力，双方技术相似性与并购企业创新绩效之间的倒 U 形关系会更为明显，随着技术相似性的提高，并购企业的创新绩效无论是在上升阶段还是在下降阶段，变化都更为快速。

而当并购企业具有高技术整合能力时，其将产生十分明显的调节作用，改变并购双方技术相似性与并购企业创新绩效之间的倒 U 形关系，一般情况下表现为随着技术相似性不断提高，并购企业的创新绩效随之下降，两者之间具有负相关关系，当并购企业的相对技术整合能力很高的时候表现尤其明显。但如果并购企业的绝对技术整合能力很高，则有可能会在实践中出现相反的情况，即随着双方技术相似性的提高，并购企业的创新绩效提升，两者呈正相关关系。这取决于并购企业自身高绝对技术整合能力是否能够克服双方技术相似性带来的学习空间有限、创新路径依赖等缺陷，使得高绝对技术整合能力所带来的进一步发掘潜在技术机会、开发深层核心技术能力的优势占据主导地位，从而形成对相似技术领域的高度聚焦和深层次发掘，获得明显的研发规模经济效应。

第二，并购双方企业的技术互补性与技术获取型境外并购后的创新绩效之间呈正相关关系，随着并购双方技术互补性的提高，并购企业的创新绩效会更好。尤其是当并购企业具有高技术整合能力（绝对技术整合能力和相对技术整合能力）时，双方技术互补性提高对并购企业创新绩效的促进作用更为明显。高技术整合能力对双方技术互补性和并购企业创新绩效之间的关系具有明显的正向促进作用。

进一步地，如果并购企业的技术整合能力较高，无论是在低绝对技术整合能力还是低相对技术整合能力情况下，并购双方的技术互补性对并购企业创新绩效的影响不再显著，表现为无论技术互补性高还是低，对并购企业的创新绩效都不会有太大的影响。此时，技术联系性对并购企业创新绩效的影响主要取决于并购双方的技术相似性程度。

4. 动态仿真分析结论

本书通过动态仿真分析，模拟验证了技术获取型境外并购实施后，技术整合模式与并购双方技术联系性的匹配性选择。结果表明，为了获取并购后的技术协同效应，实现并购后创新产出绩效最大化，技术获取型境外并购企业应根据并购双方企业技术联系性强弱特征，选择与之相匹配的技术整合模式。当并购双方企业技术相似性强互补性弱时，应采用高整合程度和低目标方自主性程度的技术吸收模式；当并购双方企业技术相似性弱互补性强时，应采用低整合程度和高目标方自主性程度的技术保留模式；当并购双方企业技术相似性和互补性均强时，应采用高整合程度和高目标方自主性程度的技术共生模式。

二 理论贡献及现实意义

（一）理论贡献

本书围绕如何最大化技术获取型境外并购后并购企业的创新绩效，探讨了并购双方企业技术联系性（包括技术相似性和技术互补性两个方面）、并购技术整合（包括技术整合能力和技术整合模式两个维度）及其交互作用对并购后创新绩效的影响机制，并通过对典型技术获取型境外并购案例的探索性分析、中国企业技术获取型境外并购的实证分析以及动态仿真分析，对相关理论进行了验证和深化，填补了相关理论研究的空白。本书的主要理论贡献体现在以下几个方面。

第一，对并购后技术整合的内涵和维度以及各维度的具体构成进行了界定，尝试建立了一个较为系统和完整的理论框架。

在以往的并购研究中，针对并购整合大都是通用性的研究，较少针对并购中的技术整合展开专门性研究，对于技术整合的维度没有一个统一的理论框架。本书对技术获取型境外并购后技术整合的内涵进行了界定，从总体上将其分解为能力和策略选择两大方面，提出了技术整合能力和技术整合模式两大基本维度构成。进一步地，根据并购企业技术整合能力的来源，将技术整合能力划分为绝对技术整合能力和相对技术整合能力两个维度；根据并购后技术整合策略中两大核心问题——整合程度和目标方自主性的解决方案，在 Haspeslagh 和 Jemison（1991）关于整合模式的代表性研究成果基础上，将技术整合的模式归纳为技术保留模式、技术吸收模式和技术共生模式三大类。由此，建立了一个较为系统和完整的并购后技术整合概念模型（见图 4-2）。

第二，明确了技术整合对并购双方技术联系性和并购后创新绩效之间关系的影响机制，建立了一个从并购前指导决策到并购后战略匹配的二阶段调节模型。

已有的研究大多关注并购双方技术联系性与并购后创新绩效的关系（Cohen & Levinthal，1990；Lane & Lubatkin，1998；Cassiman et al.，2005；Cloodt et al.，2006），以及技术联系性与并购整合策略的匹配关系（Massimo & Larissa，2010；Zaheer et al.，2008，2013；陈菲琼等，2015），探讨技术整合在并购后阶段的影响机制，鲜有研究关注技术整合在并购前阶段的影响机制，即技术整合能力的调节作用。本书建立起一个技术联系性、技术整合与并购创新绩效的综合分析框架，构建出一个从并购前到并购后的二阶段调节模型的总体理论框架（见图 4-3），为技术获取型境外并购双方技术联系性与技术整合之间交互关系的研究奠定了理论基础，对于技术并购相关研究具有一定的理论贡献。

第三，对技术联系性的影响、技术整合能力对技术联系性与并购企业创新绩效关系的调节作用，以及技术整合模式与技术联系性的匹配性选择分别进行了实证研究和仿真分析。

通过中国企业技术获取型境外并购的案例资料，针对技术联系性对并购后创新绩效的影响，以及并购企业技术整合能力的调节作用展开实证研究，明确了技术联系性自身及其与技术整合能力交互的作用机制，验证了 Cohen 和 Levinthal（1990）、Lane 和 Lubatkin（1998）、Cassiman 等（2005）、Cloodt 等（2006）等人的研究成果在中国企业实践中的适用性问题，为技术并购企业对目标企业的选择提供了一种思路。动态仿真分析亦为并购后的技术整合模式选择提供了解决思路。这对于丰富技术并购相关理论和实证研究方法具有一定的理论贡献。

（二）现实意义

近年来，我国以获取目标企业技术为主要动机的技术获取型境外并购的数量不断增长，技术获取型境外并购成为中国企业偏爱的技术投资模式。作为新的国际竞争者，中国企业尤其希望通过获取战略技术资源来成功参与全球市场竞争，快速获取国际先进技术知识，提升企业技术创新能力，以此实现技术的快速赶超。本书的研究结论对于以下两方面具有一定的现实指导意义：在并购实施前阶段，并购企业结合技术整合能力的高低不同，选择与之相匹配的具有不同技术联系性强弱特征的目标企业，奠定实现技术获取型境外并购技术协同效应最大化的基础；在并购实施后阶段，并购企业选择与并购双方技术联系性属性相匹配的技术整合模式，以实现并购技术协同效应的最大化，提升并购后创新绩效。

首先，在并购实施前阶段，并购企业应结合技术整合能力的高低不同，选择与之相匹配的具有不同技术联系性强弱特征的目标企业，以奠定实现技术获取型境外并购技术协同效应最大化的基础。

当并购企业拥有较高的技术整合能力时，通常适合选择低技术相似性和高技术互补性的目标企业实施技术获取型境外并购。高技术整合能力、低技术相似性和高技术互补性这一匹配，更有利于技术协同效应的实现，并购企业往往能够获得更好的并购后创新绩效提升，当并购企业相对技术整合能力很高时，尤为如此。但如果并购企业拥有高绝对技术整合能力，并购企业的高研发强度能够实现在某一技术领域的高度聚焦，且在这一技术领域具有较大的深层发掘空间，并购企业可以考虑选择高技术相似性或（和）高技术互补性的目标企业实施技术获取型境外并购。

当并购企业技术整合能力较低时，由于技术整合能力的调节作用，在选择相匹配的技术获取型境外并购目标企业时，应重点关注并购双方企业的技术相似性情况，选择拥有适度技术相似性水平（达到或接近技术相似性与创新绩效倒 U 形关系的临界点）的目标企业。因为，若并购企业技术整合能力较低，并购双方技术互补性对并购企业创新绩效的影响并不显著，无论技术互补性高还是低，都不会显著有利于并购后的创新绩效提升，也就是说，并购后创新绩效主要受双方技术相似性程度影响。尤其是在并购企业具有低绝对技术整合能力的情况下，技术相似性增强导致的学习机会减少从而产生的负面效应会更容易出现，目标企业的技术相似性不宜过高。

其次，在并购实施后阶段，并购企业应选择与并购双方技术联系性属性相匹配的技术整合模式，以实现并购技术协同效应的最大化。

技术获取型境外并购后的技术整合策略应结合并购双方的技术联系性特征进行选择。当并购双方技术相似性强而技术互补性弱时，适宜采用技术吸收模式，在并购后进行较高程度的整合，并给予目标方较低自主性程度，以较快的速度展开技术整合；当并购双方技术相似性弱而技术互补性强时，适宜采用技术保留模式，在并购后进行较低程度的整合，并给予目标方较高自主性程度，通过交流合作以较慢的速度完成技术整合；在并购双方技术相似性和技术互补性均强的情形下，则适宜采用技术共生模式，进行较高程度的整合，同时给予目标方较高自主性程度，有针对性地快慢结合完成技术整合。技术获取型境外并购完成后，并购企业的技术整合模式选择与并购双方的技术联系性强弱程度相匹配，有利于实现并购后技术知识产出收益的最大化。

最后，实施技术获取型境外并购的中国企业要意识到提升自身绝对技术整合能力的重要性。在目标企业与并购企业之间技术相似性和技术互补性既定的情况下，并购企业的绝对技术整合能力，即技术知识吸收能力越高，并购后的创新绩效往往越能得到提升。

三　研究局限和未来研究方向

本书基于并购双方的技术相似性程度和互补性程度，以及并购企业技术整合能力和技术整合模式选择，对技术获取型境外并购中技术协同效应的实现，并购后创新绩效的最大化展开了理论机制分析和实证研究，得到了一些有益的研究成果，但在研究过程中仍存在许多局限，这也为未来的研究指明了方向。

首先，本书只验证了并购双方技术相似性与并购企业创新绩效之间倒 U 形关系的存在，并探讨了并购企业绝对技术整合能力和相对技术整合能力的高低对这一倒 U 形关系的调节作用，指出当并购企业技术整合能力较低时，在选择适宜的技术获取型境外并购目标企业时，并购企业应重点关注并购双方企业的技术相似性情况，选择拥有适度技术相似性水平（达到或接近技术相似性与创新绩效倒 U 形关系的临界点）的目标企业，但本书并没有进一步探讨两者之间倒 U 形关系的具体决定因素，以及技术相似性临界值的确定，现有结论及建议在企业的具体实践中欠缺更为具体的指导，削弱了其可操作性。在以后的研究中，可以针对这一问题展开更为深入的探讨。

其次，在实证研究中，囿于研究过程持续时间较长及数据获取困难，我们仅收集了 2000～2013 年中国企业技术获取型境外并购的事件样本，加之在这些样本中还有相当一部分缺少完整的数据资料，导致实证研究的样本量较少。此外，为了获取尽可能多的样本，我们只能将研究的时间窗口宽度设定得尽可能短（一年），因此在考察技术获取型境外并购对并购企业创新绩效的交互影响时，只研究了并购次年的情况，没能对并购后更长期的创新绩效情况展开研究。在数据资料可得的情况下，围绕这一选题进行更大样本和更广时间窗口的实证检验，也是未来研究可以进一步深入的地方。进一步地，在样本量足够的情况下，将不同国家和不同产业作为控制变量，展开实证扩展研究，也是未来可能的深化研究方向。

再次，在研究并购前阶段并购企业技术整合能力对技术联系性与并购后创新绩效关系的调节作用，以及并购后阶段并购企业技术整合模式与并购双方技术联系性的匹配性选择问题的时候，本书采用了分为两个阶段分别研究的方式。也就是说，在并购后阶段，并购企业对技术整合模式的选择仅考虑了其与并购双方技术联系性的匹配性问题，并没有结合并购企业技术整合能力的高低加以考虑；在考察技术整合能力的影响时，仅探讨了其在并购前阶段对于并购目标企业选择的参考意义。事实上，由于并购企业技术整合能力对并购双方技术联系性与并购后创新绩效的关系具有调节作用，也必然对技术获取型境外并购发生后，并购企业对技术整合模式的选择产生影响。本书并没有考虑这一更为复杂的情形。在以后的研究中，可以进一步探讨在技术整合能力高低不同情形下，技术整合模式与并购双方技术联系性的匹配性选择问题。

最后，本书的研究针对的是技术获取型境外并购，在理论分析和实证研究中关注到了文化差异性及境外并购经验对并购后创新绩效的影响，但实际上，境外技术并购相对于国内企业之间的技术并购，具有更多不同的特点。本书在发掘和凸显"境外并购"的特异性方面做得还不够，可以进一步完善。以后的研究也可以更多考虑境外并购相对于国内并购的不同影响因素及其影响路径，并加以比较，进一步拓展和深化本书的研究结论。

参考文献

一 中文文献

鲍新中、陶秋燕、盛晓娟：《企业并购后整合对创新影响的实证研究——基于资源整合产生协同效应角度的分析》，《华东经济管理》2014 年第 8 期。

陈爱贞、刘志彪：《以并购促进创新：基于全球价值链的中国产业困境突破》，《学术月刊》2016 年第 12 期。

陈菲琼、陈珧、李飞：《技术获取型境外并购中的资源相似性、互补性与创新表现：整合程度及目标方自主性的中介作用》，《国际贸易问题》2015 年第 7 期。

陈海声、王莉嘉：《以并购促进企业技术创新》，《科技管理研究》2012 年第 3 期。

陈力、鲁若愚：《企业知识整合研究》，《科研管理》2003 年第 3 期。

陈明、周健明：《企业文化、知识整合机制对企业间知识转移绩效的影响研究》，《科学学研究》2009 年第 4 期。

陈文春、袁庆宏：《关系原型对组织知识整合能力形成的作用机制：基于组织学习的视角》，《科学管理研究》2009 年第 6 期。

陈珧:《技术获取型境外并购整合与目标方自主性研究》,博士学位论文,浙江大学,2016。

陈怡安、占孙福、李中斌:《吸收能力、知识整合对组织知识与技术转移绩效的影响——以珠三角地区为实证》,《经济管理》2009 年第 3 期。

邓艳、雷家骕:《从原型技术到制造——面向商业化生产的技术整合》,《科学学与科学技术管理》2006 年第 6 期。

杜群阳:《"追赶式"境外研发投资:以浙江企业为样本的实证研究》,《国际商务》(对外经济贸易大学学报)2009 年第 2 期。

杜锐:《中国技术获取型跨国并购创新绩效的影响因素研究》,硕士学位论文,南京理工大学,2017。

杜威剑、李梦洁:《外资进入、外资并购与企业的研发创新——基于微观层面的实证研究》,《世界经济研究》2016 年第 6 期。

傅家骥、雷家骕、程源:《技术经济学前沿问题》,经济科学出版社,2003。

傅家骥:《企业怎样进行技术整合?》,《科技信息》2004 年第 11 期。

葛清:《"收购德国"静悄悄》,《中国企业家》2005 年第 15 期。

韩世坤、陈继勇:《中国企业跨国并购的智力支持和组织创新》,《管理世界》2002 年第 1 期。

洪莉:《从上工申贝收购德国 DA 看中国企业境外并购》,《管理与财富》2007 年第 5 期。

侯汉坡、刘峰:《以提升创新能力为目标的技术并购整合管理研究》,《中国科技论坛》2007 年第 3 期。

胡雪峰、吴晓明:《并购、吸收能力与企业创新绩效——基于我国医药上市公司数据的实证分析》,《江苏社会科学》2015 年第 2 期。

黄璐、王康睿、于会珠:《并购资源对技术并购创新绩效的影响》,

《科研管理》2017 年第 S1 期。

黄颖：《中国企业在美国技术获取型投资的实践与战略研究》，《科技管理研究》2014 年第 9 期。

李广明：《中国制造企业跨国并购后整合模式的有效性研究》，《科学学与科学技术管理》2006 年第 8 期。

梁柏泉：《三一重工和中联重科的并购比较研究——动因、整合方式与企业并购绩效》，硕士学位论文，华南理工大学，2014。

林娟、李婷：《企业跨国并购后的技术整合策略探讨——基于新技术寻求动因视角》，《财会月刊》2010 年第 33 期。

刘赫：《组织学习机制、国际并购能力与企业成长的关系研究——以中国企业境外并购为例》，博士学位论文，东北大学，2012。

刘洪江：《并购成败对企业创新激励的影响——基于上市企业并购案例的实证研究》，《科技管理研究》2015 年第 6 期。

刘洪伟、冯淳：《基于知识基础观的技术并购模式与创新绩效关系实证研究》，《科技进步与对策》2015 年第 16 期。

刘辉、温军、丰若旸：《收购兼并、异质企业与技术创新》，《当代经济科学》2017 年第 2 期。

刘金雄、寇纪淞、李敏强：《并购——以谋求企业创新为目标》，《江西社会科学》2002 年第 5 期。

刘丽芳：《辽宁大型装备制造企业跨国技术并购动因分析——以三一重工并购普茨迈斯特为例》，《辽宁经济》2013 年第 5 期。

柳卸林、简明珏：《如何通过国际兼并提高技术创新能力——京东方的并购与创新》，《中国软科学》2007 年第 12 期。

龙静、汪丽：《并购后威胁感知与心理安全对员工创新的影响——基于高科技企业的实证研究》，《科学学研究》2011 年第 9 期。

吕琳琳：《境外并购的战略差异与启示——三一重工与中联重科境外并购对比研究》，《财会学习》2012 年第 8 期。

马玉成、李垣、付强：《成熟企业资源构建对技术创新影响研究》，《科学学与科学技术管理》2015年第6期。

潘文安：《关系强度、知识整合能力与供应链知识效率转移研究》，《科研管理》2012年第1期。

庞月宁：《中国技术获取型境外并购与企业创新能力的相关性研究》，硕士学位论文，山东大学，2017。

彭嘉懿：《三一重工并购普茨迈斯特绩评及影响因素分析》，硕士学位论文，湖南大学，2014。

彭志国：《技术集成的实证研究——以 Iansiti 对美日半导体行业的研究为例》，《中国软科学》2002年第12期。

茹运青、孙本芝：《我国 OFDI 不同进入方式的逆向技术溢出分析——基于技术创新投入产出视角的实证检验》，《科技进步与对策》2012年第10期。

沈群红、封凯栋：《组织能力、制度环境与知识整合模式的选择——中国电力自动化行业技术集成的案例分析》，《中国软科学》2002年第12期。

孙江明、高婷婷：《企业跨国并购中的技术整合策略研究——以吉利并购沃尔沃为例》，《价值工程》2014年第11期。

唐清泉、巫岑：《基于协同效应的企业内外部 R&D 与创新绩效研究》，《管理科学》2014年第5期。

王彩萍：《外资并购与目标企业的技术创新——基于中国9家被并购公司的多案例研究》，载广东经济学会《市场经济与创新驱动——2015岭南经济论坛暨广东社会科学学术年会分会场文集》，广东经济学会，2015。

王金桃、裴玲：《技术并购对高科技公司绩效影响研究》，《科技管理研究》2013年第4期。

王娟：《中国高新技术产业对外直接投资的技术创新效应研究》，

《经济体制改革》2015 年第 5 期。

王丽军：《技术并购模式、技术相关性与创新绩效关系研究》，硕士学位论文，东北财经大学，2016。

王宛秋、马红君：《技术并购主体特征、研发投入与并购创新绩效》，《科学学研究》2016 年第 8 期。

王宛秋、王淼：《基于动态能力观的技术并购整合研究》，《经济问题探索》2009 年第 3 期。

王宛秋、张永安：《基于解释结构模型的企业技术并购协同效应影响因素分析》，《科学学与科学技术管理》2009 年第 4 期。

王文华、张卓、陈玉荣、黄奇：《基于技术整合的技术多元化与企业绩效研究》，《科学学研究》2015 年第 2 期。

王小燕：《中国企业海外研发进入过程与本土创新绩效关系研究》，硕士学位论文，浙江工业大学，2013。

王寅：《中国技术获取型境外并购整合研究——基于资源相似性与互补性的视角》，博士学位论文，浙江大学，2013。

王珍义、徐雪霞、伍少红、高莉：《技术并购、相对技术差异与技术创新》，《科技进步与对策》2015 年第 12 期。

魏江、王铜安：《技术整合的概念演进与实现过程研究》，《科学学研究》2007 年第 S2 期。

温成玉、刘志新：《技术并购对高技术上市公司创新绩效的影响》，《科研管理》2011 年第 5 期。

吴俊杰、范轶琳、翁友萍：《中小企业集群创新动力的影响因素研究——以台州市椒江、温岭为例》，《科技管理研究》2012 年第 15 期。

吴添祖、陈利华：《跨国并购获取核心技术——中国企业核心竞争力的培育模式》，《科学学与科学技术管理》2006 年第 4 期。

吴先明：《我国企业知识寻求型境外并购与创新绩效》，《管理工程学报》2016 年第 3 期。

吴晓芳：《境外并购对我国技术创新能力的影响研究》，硕士学位论文，浙江大学，2015。

项保华、殷瑾：《购并后整合模式选择和对策研究》，《中国软科学》2001 年第 4 期。

谢学军、吉鸿荣、陈婧：《企业并购整合过程中的知识转移研究》，《情报杂志》2009 年第 12 期。

徐雨森、张宗臣：《基于技术平台理论的技术整合模式及其在企业并购中的应用研究》，《科研管理》2002 年第 3 期。

许梦洁：《技术相似性对主并方创新绩效的影响机制——基于制造业上市公司并购交易的研究》，硕士学位论文，大连理工大学，2016。

薛云建、周开、谢钰敏：《中国企业技术寻求型对外直接投资的发展路径研究》，《企业研究》2013 年第 9 期。

闫圆圆：《境外并购研发机构中吸收能力对创新能力的影响机理研究》，硕士学位论文，哈尔滨工业大学，2016。

严爱玲：《技术并购企业创新价值链研究》，《企业管理》2014 年第 12 期。

杨军敏、曹志广：《并购对中国上市公司研发绩效的影响研究——以医药行业为例》，《商业经济与管理》2012 年第 4 期。

奕丽萍：《我国上市高技术企业并购对技术创新绩效的影响》，硕士学位论文，华东师范大学，2013。

尹欣：《技术获取型境外并购整合与产业技术创新：创新网络角度》，硕士学位论文，浙江大学，2017。

应郭丽：《跨国并购对我国企业技术创新能力的影响》，硕士学位论文，浙江工业大学，2013。

于成永、施建军：《产业升级视角下外部学习、技术并购边界与创新》，《国际贸易问题》2011 年第 6 期。

于成永、施建军：《技术并购、创新与企业绩效：机制和路径》，

《经济问题探索》2012 年第 6 期。

于培友、奚俊芳：《企业技术并购后整合中的知识转移研究》，《科研管理》2006 年第 5 期。

余志良、张平、区毅勇：《技术整合的概念、作用与过程管理》，《科学学与科学技术管理》2003 年第 3 期。

张光曦、方圆：《技术并购后整合对被兼并方创新能力的影响：社会资本的视角》，《科技进步与对策》2014 年第 9 期。

张敏：《境外并购和跨国经营的战略思考——上工申贝（集团）股份有限公司董事长兼首席执行官（录音整理）》，载《中国缝制械行业"十一五"发展战略高层论坛论文集》，2005。

张学勇、柳依依、罗丹、陈锐：《创新能力对上市公司并购业绩的影响》，《金融研究》2017 年第 3 期。

张峥、高明明、陈清生：《技术相似度对中国制造业并购创新绩效影响模拟》，《科技进步与对策》2016 年第 19 期。

张峥、聂思：《中国制造业上市公司并购创新绩效研究》，《科研管理》2016 年第 4 期。

赵红、翟立新、李强：《知识生产函数及其一般形式研究》，《经济问题探索》2006 年第 7 期。

郑刚、郭艳婷、罗光雄、赵凯、刘春峰：《新型技术追赶、动态能力与创新能力演化——中集罐箱案例研究》，《科研管理》2016 年第 3 期。

郑霄鹏：《中国企业技术寻求型 OFDI 战略与绩效研究》，博士学位论文，南开大学，2014。

钟芳芳：《技术获取型境外并购整合与技术创新研究》，博士学位论文，浙江大学，2015。

周城雄、赵兰香、李美桂：《中国企业创新与并购关系的实证分析——基于 34 个行业 2436 个上市公司的实证分析》，《科学学研究》

2016 年第 10 期。

朱治理、温军、李晋：《境外并购、文化距离与技术创新》，《当代经济科学》2016 年第 2 期。

二 英文文献

Ahuja, G. , & Katila, R. , "Technological Acquisitions and the Innovation Performance of Acquiring Firms: A Longitudinal Study", *Strategic Management Journal*, 2001, 22: 197 – 220.

Ahuja, G. , "Collaboration Networks, Structural Holes, and Innovation: A Longitudinal Study", *Administrative Science Quarterly*, 2000, 45 (3): 425 – 455.

Aiken, L. S. , & West, S. G. , *Multiple Regression: Testing and Interpreting Interactions*, Thousand Oaks, CA: Sage, 1991.

Anand, J. , & Delios, A. , "Absolute and Relative Resources as Determinants of International Acquisitions", *Strategic Management*, 2002, 23: 119 – 134.

Angwin, D. N. , "Speed in M & A Integration: The First 100 Days", *European Management Journal*, 2004, 22 (4): 418 – 430.

Angwin, D. N. , & Meadows, M. , "New Integration Strategies for Post – Acquisition Management", *Long Range Planning*, 2014, 4: 1 – 17.

Angwin, D. N. , "Typologies in M & A Research", in Faulkner, D. , Teerikangas, S. , Joseph, R. , eds. , *Oxford Handbook of Mergers and Acquisitions*, Oxford University Press, 2012.

Ansoff, H. I. , *Corporate Strategy: An Analytic Approach to Business Policy for Growth and Expansion*, New York: McGraw – Hill, 1965.

Argote, L. , & Ingram, P. , "Knowledge Transfer: A Basis for Competitive Advantage in Firms", *Organizational Behavior and Human Decision Processes*, 2000, 82 (1): 150 – 169.

Arino, A., De La Torre, J., & Ring, P. S., "Relational Quality: Managing Trust in Corporate Alliances", *California Management Review*, 2001, 44 (1): 109 – 134.

Aybar, B., & Ficice, A., "Cross – Border Acquisitions and Firm Value: An Analysis of Emerging – Market Multinationals", *Journal of International Business Studies*, 2009, 40: 1317 – 1338.

Badaracco, J. L., *The Knowledge Link: How Firms Compete Through Strategic Alliances*, Boston, MA: Harvard Business School Press, 1991.

Barkema, H. G., & Schijven, M., "How Do Firms Learn to Make Acquisitions? A Review of Past Research and an Agenda for the Future", *Journal of Management*, 2008, 34 (3): 594 – 634.

Barkema, H. G., & Vermeulen, F., "International Expansion Through Start up or Acquisition: A Learning Perspective", *The Academy of Management Journal*, 1998, 41 (1): 7 – 26.

Barney, J. B., "Firm Resources and Sustained Competitive Advantage", *Management*, 1991, 17: 99 – 120.

Barney, J. B., "Strategic Factor Markets: Expectations, Luck, and Business Strategy", *Management Science*, 1986, 32 (10): 1231 – 1241.

Bauer, F., & Matzler, K., "Antecedents of M & A Success: The Role of Strategic Complementarity, Cultural Fit, and Degree and Speed of Integration", *Strategic Management Journal*, 2013, 35: 269 – 291.

Belderbos, R., Carree, M., & Lokshin, B., "Complementarity in R & D Cooperation Strategies", *Review of Industrial Organization*, 2003, 28 (4): 401 – 426.

Bena, J., & Li, K., "Corporate Innovations and Mergers and Acquisitions", *The Journal of Finance*, 2014, 69 (5): 1923 – 1960.

Bierly, P. , & Chakrabarti, A. , "Generic Knowledge Strategies in the U. S. Pharmaceutical Industry", *Strategic Management Journal*, 1996, 17: 123 – 135.

Bijlsma – Frankema, K. , "Dilemmas of Managerial Control in Post – Acquisition Processes", *Journal of Managerial Psychology*, 2004, 19 (3): 252 – 268.

Birkinshaw, J. , Bresman, H. , & Hakanson, L. , "Managing the Post – Acquisition Integration Process: How the Human Integration and Task Integration Processes Interact to Foster Value Creation", *Journal of Management Studies*, 2000, 37 (3): 395 – 425.

Blonigen, B. , & Taylor, C. , "R & D Intensity and Acquisitions in High – Technology Industries: Evidence from the US Electronic and Electrical Equipment Industries", *Industry Economy*, 2000, 48: 47 – 70.

Boland, J. R. , & Tenkasi, R. V. , "Perspective Making and Perspective Taking in Communities of Knowing", *Organization Science*, 1995, 6 (4): 350 – 372.

Borys, B. , & Jemison, D. B. , "Hybrid Arrangements as Strategic Alliances", *Academy of Management Reviews*, 1989, 14 (2): 234 – 249.

Bower, J. L. , "Not All M & As Are Alike—and That Matters", *Harvard Business Review*, 2001, 79 (2): 93 – 101.

Bragado, J. F. , "Setting the Correct Speed for Post – Merger Integration", *M & A Europe*, 1992, 5: 24 – 31.

Buono, A. F. , & Bowditch, J. L. , *The Human Side of Mergers and Acquisitions: Managing Collisions between People, Cultures and Organizations*, Washington, DC: Beard Books, 2003.

Cannella, A. A. , & Hambrick, D. C. , "Effects of Executive Departures on the Performance of Acquired Firms", *Strategic Management Journal*, 1993, 14: 137 – 152.

Cantwell, J. , & Santangelo, G. D. , "M & As and the Global Strategies of TNCs", *Developing Economes*, 2002, 40 (4): 400 – 434.

Capron, L. , & Pistre, N. , "When Do Acquirers Earn Abnormal Returns?", *Strategic Management Journal*, 2002, 23 (9): 781 – 794.

Capron, L. , & Hulland, J. , "Redeployment of Brands, Sales Forces, and General Marketing Management Expertise Following Horizontal Acquisitions: A Resource – Based View", *Journal of Marketing*, 1999, 63: 41 – 54.

Capron, L. , Dussauge, P. , & Mitchell, W. , "Resource Redeployment Following Horizontal Acquisitions in Europe and North America, 1988 – 1992", *Strategic Management Journal*, 1998, 19: 631 – 661.

Carayannopoulos, S. , & Auster, E. R. , "External Knowledge Sourcing in Biotechnology Through Acquisition Versus Alliance: A KBV Approach", *Research Policy*, 2010, 39 (2): 254 – 267.

Carmine, O. , "Mergers and Innovation in Big Pharma", *International Journal of Industrial Organization*, 2009, 1: 70 – 79.

Cartwright, S. , & Cooper, G. L. , *Managing Mergers, Acquisitions and Strategic Alliances – Integrating People and Cultures*, Oxford, UK: Butterworth – Heinemann, 2001.

Cartwright, S. , & Schoenberg, R. , "Thirty Years of Mergers and Acquisitions Research: Recent Advances and Future Opportunities", *British Journal of Management*, 2006, 17 (S1): S1 – S5.

Cartwright, S. , "Mergers and Acquisitions: An Update and Appraisal", *International Review of Industrial and Organizational Psychology*, 2006, 20: 1 – 38.

Cassiman, B. , Colombo, M. G. , Garrone, P. , & Veugelers, R. , "The Impact of M & A on the R & D Process: An Empirical Analysis of the Role of Technological and Market Relatedness", *Research Policy*, 2005, 34 (2): 195 – 200.

Castaner, X. , & Karim, S. , "Acquirers 'Goals' Influence on Acquire – Target Bilateral Interactions", *Boston University School of Management Research Paper Series*, 2012.

Castanias, R. P. , & Helfat, C. E. , "Managerial Resources and Rents", *Journal of Management*, 1991, 17 (1): 155 – 171.

Caves, R. E. , "Mergers, Takeovers, and Economic Efficiency", *International Journal of Industrial Organization*, 1989, 7: 152.

Cefis, E. , & Triguero, A. , "Make, Buy, or Both: The Innovation Sourcing Strategy Dilemma after M & A", *Growth & Change*, 2016, 47 (2): 175 – 196.

Certo, S. , Covin, J. , Daily, C. , & Dalton, D. , "Wealth and the Effects of Founder Management among IPO – Stage New Ventures", *Strategic Management Journal*, 2001, 22: 641 – 658.

Chatterjee, S. , & Wernerfelt, B. , "The Link between Resources and Type of Diversification: Theory and Evidence", *Strategic Management*, 1992, 12: 33 – 48.

Chatterjee, S. , "The Keys to Successful Acquisition Programs", *Long Range Planning*, 2009, 42 (2): 137 – 163.

Chatterjee, S. , "Types of Synergy and Economic Value: The Impact of Acquisitions on Merging and Rival Firms", *Strategic Management Journal*, 1986, 7: 119 – 139.

Cloodt, M. , Hagedoorn, J. , et al. , "Mergers and Acquisitions: Their Effect on the Innovative Performance of Companies in High – Tech Industries", *Research Policy*, 2006, 35 (5): 642 – 654.

Coff, R. , "Bidding Wars over R & D Intensive Firms: Knowledge, Opportunism and the Market for Corporate Control", *Academy of Management Journal*, 2003, 46: 74 – 85.

Cohen, W. M. , & Levinthal, D. A. , "Fortune Favors the Prepared-Firm", *Management Science*, 1994, 40 (2): 227 – 251.

Cohen, W. M. , & Levinthal, D. A. , "Absorptive Capacity: A New Perspective on Learning and Innovation", *Administrative Science Quarterly*, 1990, 35 (1): 128 – 152.

Cohen, W. M. , & Levinthal, D. A. , "Innovation and Learning: The Two Faces of R & D", *The Economic Journal*, 1989, 99 (397): 569 – 596.

Colombo, M. G. , & Rabbiosi, L. , " Technological Similarity, Post – Acquisition R & D Reorganization, and Innovation Performance in Horizontal Acquisitions", *Research Policy*, 2014, 43: 1039 – 1054.

Conn, R. L. , Cosh, A. , Guest, P. M. , et al. , "The Impact on UK Acquirers of Domestic, Cross – Border, Public and Private Acquisitions", *Journal of Business Finance & Accounting*, 2005, 32 (5 – 6): 815 – 870.

Conte, A. , & Vivarelli, M. , "Succeeding in Innovation: Key Insights on the Role of R & D and Technological Acquisition Drawn from Company Data", *Empirical Economics*, 2014, 47 (4): 1317 – 1340.

Cording, M. , Christmann, P. , & King, D. , "Reducing Causal Ambiguity in Acquisition Integration: Intermediate Goals as Mediators of Integration Decisions and Acquisition Performance", *Academy of Management Journal*, 2008, 51 (4): 744 – 767.

Cyert, R. , & March, J. , *A Behavioral Theory of the Firm*, Englewood Cliffs, NJ: Prentice – Hall, 1963.

Datta, D. K. , & Grant, J. , "Relationships between Type of Acquisition, the Autonomy Given to the Acquired Firm, and Acquisition Success: An Empirical Analysis", *Journal of Management*, 1990, 16: 29 – 44.

Datta, D. K., "Organizational Fit and Acquisition Performance: Effects of Post – Acquisition Integration", *Strategic Management Journal*, 1991, 12 (4): 281 – 297.

De Meyer, A., "Management of International R & D Operations", in Granstrand, O., Hakanson, L., Sjok Lander, S., eds., *Technology Management and International Business. Internationalization of R & D and Technology*, Chichester: Wiley, 1992.

De Bondt, R., "Spillovers and Innovative Activities", *International Journal of Industrial Organization*, 1997, 15: 1 – 28.

Decarolis, D. M., & Deeds, D. L., "The Impact of Stocks and Flows of Organizational Knowledge on Firm Performance: An Empirical Investigation of the Biotechnology Industry", *Strategic Management Journal*, 1999, 20 (10): 953 – 968.

Deng, P., "Investing for Strategic Resources and Its Rationale: The Case of Outward FDI from Chinese Companies", *Business Horizons*, 2007, 50 (1): 71 – 81.

Dixon, W. H., Chang, K. C., & Grover, V., "Valuation of Mergers and Acquisitions in the Telecommunications Industry: A Study on Diversification and Firm Size", *Information Management*, 2001, 38 (7): 459 – 471.

Doz, Y. L., "The Evolution of Cooperation in Strategic Alliances: Initial Conditions or Learning Processes", *Strategic Management Journal*, *Summer Special Issue*, 1996, 17: 55 – 83.

Duysters, G., & Hagedoorn, J., "Core Competences and Company Performance in the World – Wide Computer Industry", *The Journal of High Technology Management Research*, 2000, 11 (1): 75 – 91.

Elsass, P. M. , & Veiga, J. F. , "Acculturation in Acquired Organizations: A Force – Field Perspective", *Human Relations*, 1994, 47: 431 –453.

Fleck, J. , "Learning by Trying: The Implementation of Configurational Technology", *Research Policy*, 1994, 23 (6): 637 –652.

Fleming, L. , "Recombinant Uncertainty in Technological Search", *Management Science*, 2001, 47 (1): 117 –132.

Gerpott, T. J. , "Successful Integration of R & D Functions after Acquisitions: An Exploratory Empirical-Study", *R & D Management*, 1995, 25: 161 –178.

Ghoshal, S. , & Gratton, L. , "Integrating the Enterprise", *MIT Sloan Management Review*, 2002, 44 (1): 31 –38.

Ghoshal, S. , "Global Strategy: An Organizing Framework", *Strategic Management Journal*, 1987, 8 (5): 425 –440.

Giovanni, V. , "The Impact of M & A on Rivals' Innovation Strategy", *Long Range Planning*, 2016, 49 (2): 241 –249.

Graebner, M. E. , "Momentum and Serendipity: How Acquired Leaders Create Value in the Integration of Technology Firms", *Strategic Management Journal*, 2004, 25: 751 –777.

Granstrand, O. , & Sjölander, S. , *Internationalization and Diversification of Multi – Technology Corporations*, Hoboken: John Wiley & Sons Ltd. , 1992: 181 –207.

Granstrand, O. , "Towards a Theory of the Technology – Based Firm", *Research Policy*, 1998, 27 (5): 465 –489.

Grant, R. M. , "Toward a Knowledge – Based Theory of the Firm", *Strategic Management Journal*, 1996, 17: 109 –122.

Griliches, Z. , "Issues in Assessing the Contribution of R & D to Productivity Growth", *Bell Journal of Economics*, 1979, 10: 92 –116.

Guan, J. C. , Mok, C. K. , et al. , "Technology Transfer and Innovation Performance: Evidence from Chinese Firms", *Technological Forecasting and Social Change*, 2006, 73 (6): 666 - 678.

Hagedoorn, J. , & Duysters, G. , "The Effect of Mergers and Acquisitions on the Technological Performance of Companies in High - Tech Environment", *Technology Analysis & Strategic Management*, 2002, 14 (1): 67 - 85.

Haleblian, J. , & Finkelstein, S. , "The Influence of Organizational Acquisition Experience on Acquisition Performance: A Behavioral Learning Perspective", *Administrative Science Quarterly*, 1999, 44 (1): 29 - 56.

Haleblian, J. , Kim, J. Y. , & Rajagopalan, N. , "The Influence of Acquisition Experience and Performance on Acquisition Behavior: Evidence from the U. S. Commercial Banking Industry", *Academy of Management Journal*, 2006, 49 (2): 357 - 370.

Hall, B. H. , Jaffe, A. , & Trajtenberg, M. , "The NBER Patent Citations Data File: Lessons, Insights and Methodological Tools", *National Bureau of Economic Research*, 2001.

Hall, B. H. , *The Impact of Corporate Restructuring on Industrial Research and Development*, Cambridge, MA: National Bureau of Economic Research, 1989: 49.

Hall, B. H. , "The Impact of Corporate Restructuring on Industrial Research and Development", *Brookings Papers on Economic Activity*, 1990, 3: 85 - 135.

Hamel, G. , "Waking up IBM: How a Gang of Unlikely Rebels Transformed Big Blue", *Harvard Business Review*, 2000, 78 (4): 137 - 146.

Hardaker, G. , Ahmed, P. K. , & Graham, G. , "An Integrated Response towards the Pursuit of Fast Time to Market of NPD in European Manufacturing Organizations", *European Business Review*, 1998, (3): 172 – 177.

Harrison, J. S., Hitt, M. A., Hoskisson, R. E., & Ireland, R. D., "Synergies and Post – Acquisition Performance: Differences Versus Similarities in Resource Allocations", *Journal of Management*, 1991, 17 (1): 173 – 190.

Haspeslagh, P. C., & Jemison, D. B., *Managing Acquisitions: Creating Value Through Corporate Renewal*, New York: Free Press, 1991.

Hayward, M. L. A., "When Do Firms Learn from Their Acquisition Experience? Evidence from 1990 to 1995", *Strategic Management Journal*, 2002, 23 (1): 21 – 39.

Helfat, C. E., & Peteraf, M., "The Dynamic Resource – Based View: Capability Lifecycles", *Strategic Management*, 2003, 24: 997 – 1010.

Helfat, C. E., "Know – How and Asset Complementarity and Dynamic Capability Accumulation: The Case of R & D", *Strategic Management Journal*, 1997, 18 (5): 339 – 360.

Henderson, R. M., & Cockburn, I., "Scale, Scope, and Spillovers: The Determinants of Research Productivity in Drug Discovery", *Rand Journal of Economics*, 1996, 27: 32 – 59.

Henderson, R. M., & Clark, K. B., "Architectural Innovation: The Reconfiguration of Existing Product Technologies and the Failure of Established Firms", *Administrative Science Quarterly*, 1990, 35 (1): 9 – 30.

Hennart, J. F., & Park, Y. R., "Greenfield vs. Acquisition: The Strategy of Japanese Investors in the United States", *Management Science*, 1993, 39 (9): 1054 – 1070.

Hennart, J. F., "A Transaction Costs Theory of Equity Joint Ventures", *Strategic Management Journal*, 1988, 9 (4): 361 – 374.

Hitt, M. A., Harrison, J., Ireland, R., & Best, A., "Attributes of Successful and Unsuccessful Acquisition of U. S. Firms", *British Management*, 1998, 9: 91 - 114.

Hitt, M. A. , Hoskisson, R. E. , et al. , "Are Acquisitions a Poison Pill for Innovation?", *The Executive*, 1991, 5 (4): 22 - 34.

Hitt, M. A. , Hoskisson, R. E. , et al. , "The Market for Corporate Control and Firm Innovation", *Academy of Management Journal*, 1996, 39 (5): 1084 - 1119.

Hitt, M. A. , King, D. , Krishnan, H. , Makri, M. , Schijven, M. , Shimizu, K. , & Zhu, H. , "Mergers and Acquisitions: Overcoming Pitfalls, Building Synergy, and Creating Value", *Business Horizons*, 2009, 52: 523 - 529.

Hofstede, G. , *Culture's Consequences: International Differences in Work - Related Values*, Beverly Hills, CA: Sage, 1980.

Homburg, C. , & Bucerius, M. , "A Marketing Perspective on Mergers and Acquisitions: How Marketing Integration Affects Post - Merger Performance", *Journal of Marketing*, 2005, 69 (1): 95 - 113.

Homburg, C. , & Bucerius, M. , "Is Speed of Integration Really a Success Factor of Mergers and Acquisitions? An Analysis of the Role of Internal and External Relatedness", *Strategic Management Journal*, 2006, 27: 347 - 367.

Hu, M. C. , "Technological Innovation Capabilities in the Thin Film Transistor - Liquid Crystal Display Industries of Japan, Korea, and Taiwan", *Research Policy*, 2012, 41 (3): 541 - 555.

Huang, H. C. , "Technological Innovation Capability Creation Potential of Open Innovation: A Cross - Level Analysis in the Biotechnology Industry", *Technology Analysis & Strategic Management*, 2011, 23 (23): 49 - 63.

Hussinger, K. , "On the Importance of Technological Relatedness:

SMEs Versus Large Acquisition Targets", *Technovation*, 2010, 30: 57 – 64.

Iansiti, M. , & Clark, K. B. , "Integration and Dynamic Capability: Evidence from Product Development in Automobiles and Mainframe Computers", *Industrial and Corporate Change*, 1994, 3 (3): 557 – 605.

Iansiti, M. , & West, J. , "From Physics to Function: An Empirical Study of Research and Development Performance in the Semiconductor Industry", *Journal of Product Innovation Management*, 1999, 16 (4): 385 – 399.

Iansiti, M. , & West, J. , "Technology Integration: Turning Great Research into Great Products", *Harvard Business Review*, 1997, 75 (3): 69 – 79.

Iansiti, M. , "Technology Integration: Managing Technological Evolution in a Complex Environment", *Research Policy*, 1995, 24 (4): 521 – 542.

Inkpen, A. C. , & Dinur, A. , "Knowledge Management Processes and International Joint Ventures", *Organization Science*, 1998, 9 (4): 454 – 468.

Inkpen, J. R. , Mcclelland, G. H. , & Rockwood, K. , "Cross Border Acquisitions of U. S. Technology Assets", *California Management Review*, 2000, 42: 50 – 71.

Ismael, R. , Hopkins, M. M. , Hoekman, J. , Siepel, J. , O'Hare, A. , Perianes – Rodríguez, A. , & Nightingale, P. , "Big Pharma, Little Science: A Bibliometric Perspective on Big Pharma's R & D Decline", *Technological Forecasting and Social Change*, 2014, 81 (1): 22 – 38.

Ivarsson, I. , & Vahlne, J. E. , "Technology Integration Through International Acquisitions: The Case of Foreign Manufacturing TNCs in Sweden", *Scandinavian Journal of Management*, 2002, 18 (1): 1 – 27.

Jaffe, A. B. , Trajtenberg, M. , & Henderson, R. , "Geographic Localization of Knowledge Spillovers as Evidenced by Patent Citations",

Quarterly Journal of Economics, 1993, 108 (3): 577 – 598.

Jaffe, A. B. , "Real Effects of Academic Research", *American Economic Review*, 1989, 79 (5): 957 – 970.

Jansen, R. , & Szulanski, G. , "Stickiness and the Adaptation of Organizational Practices in Cross – Border Knowledge Transfer", *Journal of International Business Studies*, 2004, 35 (6): 508 – 523.

Jemison, D. B. , & Sitkin, S. B. , "Corporate Acquisitions: A Process Perspective", *Academy of Management Review*, 1986, 11 (1): 145 – 163.

Jensen, M. , & Ruback, R. , "The Market for Corporate Control: The Scientific Evidence", *Journal of Financial Economics*, 1983.

Jo, G. S. , Park, P. , & Kang, J. , "Unravelling the Link between Technological M & A and Innovation Performance Using the Concept of Relative Absorptive Capacity", *Asian Journal of Technology Innovation*, 2016, 24 (1): 55 – 76.

Kale, P. , & Puranam, P. , "Choosing Equity Stakes in Technology – Sourcing Relationships: An Integrative Framework", *California Management Review*, 2004, 46 (3): 77 – 99.

Kamien, M. , & Schwartz, N. , *Market Structure and Innovation*, Cambridge University Press, 1982.

Kapoor, R. , & Lim, K. , "The Impact of Acquisitions on the Productivity of Inventors at Semiconductor – Firms: A Synthesis of Knowledge – Based and Incentive – Based Perspectives", *Academy of Management Journal*, 2007, 50 (5): 1133 – 1155.

Karim, S. , "Modularity in Organizational Structure: The Reconfiguration of Internally Developed and Acquired Business Units", *Strategic Management Journal*, 2006, 27 (9): 799 – 823.

Katila, R. , & Ahuja, G. , "Something Old, Something New: A

Longitudinal Study of Search Behavior and New Product Introduction", *Academy of Management Journal*, 2002, 45 (6): 1183 – 1194.

Kim, J. Y. , & Finkelstein, S. , "The Effects of Strategic and Market Complementarity on Acquisition Performance: Evidence from the U. S. Commercial Banking Industry, 1989 – 2001", *Strategic Management Journal*, 2009, 30 (6): 617 – 646.

King, D. R. , & Driessnack, J. , "Investigating the Integration of Acquired Firms in High – Technology Industries: Implications for Industrial Policy", *Acquisition Review Quarterly*, 2003, 10: 260 – 283.

King, D. R. , Dalton, D. R. , Daily, C. M. , & Covin, J. G. , "Meta – Analyses of Post – Acquisition Performance: Indications of Unidentified Moderators", *Strategic Management Journal*, 2004, 25: 187 – 200.

King, D. R. , Slotegraaf, D. J. , & Kesner, I. , "Performance Implications of Firm Resource Interactions in the Acquisition of R & D – Intensive Firms", *Organization Science*, 2008, 18 (2): 327 – 340.

Kitching, J. , "Why Do Mergers Miscarry", *Harvard Business Review*, 1967, 45 (6): 84 – 101.

Kogut, B. , & Singh, H. , "The Effect of National Culture on the Choice of Entry Mode", *Journal of International Business Studies*, 1988, 29: 411 – 432.

Kogut, B. , & Zander, U. , "Knowledge of the Firm, Combinative Capabilities, and the Replication of Technology", *Organization Science*, 1992, 3 (3): 383 – 397.

Kohli, R. , & Mann, B. J. S. , "Analyzing Determinants of Value Creation in Domestic and Cross Border Acquisitions in India", *International Business Review*, 2012, 21 (6): 998 – 1016.

Krishnan, H. A. , Miller, A. , & Judge, W. Q. , "Diversification and Top Management Team Complementarity: Is Performance Improved by Merging Similar or Dissimilar Teams?", *Strategic Management Journal*, 1997, 18 (5): 361 -374.

Lane, P. J., & Lubatkin, M., "Relative Absorptive Capacity and Interorganizational Learning", *Strategic Management Journal*, 1998, 19 (5): 461 -477.

Lane, P. J., Koka, B. R., & Pathak, S., "The Reification of Absorptive Capacity: A Critical Review and Rejuvenation of the Construct", *Academy of Management Review*, 2006, 31 (4): 833 -863.

Lane, P. J., Salk, J. E., & Lyles, M. A., "Absorptive Capacity, Learning and Performance in International Joint Ventures", *Strategic Management Journal*, 2001, 22 (12): 1139 -1161.

Larsson, R., & Finkelstein, S., "Integrating Strategic, Organizational, and Human Resource Perspectives on Mergers and Acquisitions: A Case Survey of Synergy Realization", *Organization Science*, 1999, 10 (1): 1 -26.

Laudan, L., *Science and Values*, Berkeley, CA: University of California Press, 1984.

Lee, V. H., Leong, L. Y., Hew, T. S., & Ooi, K. B., "Knowledge Management: A Key Determinant in Advancing Technological Innovation?", *Journal of Knowledge Management*, 2013, 17 (6): 848 -872.

Levin, D. Z., & Cross, R., "The Strength of Weak Ties You Can Trust: The Mediating Role of Trust in Effective Knowledge Transfer", *Management Science*, 2004, 50 (11): 1477 -1490.

Lichtenberg, F., *Corporate Takeovers and Productivity*, Cambridge, Massachusetts: MIT Press, 1992.

Lichtenthaler, U., "Relative Capacity: Retaining Knowledge Outside a Firm's Boundaries", *Journal of Engineering and Technology Management*,

2008, 25 (3): 200 – 212.

Liu, Y. , "Empirical Analysis of Cross – Border M & A Performance of Listed Companies in China", *Commercial Research*, 2011, 6: 106 – 111.

Lubatkin, M. H. , Florin, J. , & Lane, P. , "Learning Together and Apart: A Model of Reciprocal Interfirm Learning", *Human Relations*, 2001, 54: 1353 – 1382.

Lubatkin, M. H. , Schulze, W. , Mainkar, A. , & Cotterill, R. , "Ecological Investigation of Firm Effects in Horizontal Mergers", *Strategic Management*, 2001, 22: 335 – 357.

Lubatkin, M. H. , Srinivasan, N. , & Merchant, H. , " Merger Strategies and Shareholder Value during Times of Relaxed Antitrust Enforcement: The Case of Large Mergers during the 1980s", *Management*, 1997, (23): 59 – 81.

Lubatkin, M. H. , "Merger Strategies and Stockholder Value", *Strategic Management Journal*, 1987, 8 (1): 39 – 53.

Lubatkin, M. H. , " Mergers and the Performance of the Acquiring Firms", *Academy of Management Review*, 1983, 8: 218 – 225.

Lui, S. S. , "The Roles of Competence Trust, Formal Contract, and Time Horizon in Inter – Organizational Learning", *Organization Studies*, 2009, 30 (4): 333 – 353.

Luo, Y. D. , & Tung, R. L. , "International Expansion of Emerging Market Enterprises: A Springboard Perspective", *Journal of International Business Studies*, 2007, 38 (4): 481 – 498.

Ma, C. , & Liu, Z. , "Effects of M & As on Innovation Performance: Empirical Evidence from Chinese Listed Manufacturing Enterprises", *Technology Analysis & Strategic Management*, 2017, 29 (8): 960 – 972.

Makri, M. , Hitt, M. A. , & Lane, P. J. , " Complementary Technologies, Knowledge Relatedness, and Invention Outcomes in High Technology Mergers and Acquisitions", *Strategic Management Journal*, 2010, 31: 602 – 628.

Makri, M., Lane, P. J., & Gomez – Mejia, L. R., "CEO Incentives, Innovation, and Performance in Technology Intensive Firms: A Reconciliation of Outcome and Behavior – Based Incentive Schemes", *Strategic Management Journal*, 2006, 27 (11): 1057 – 1080.

March, J. G., "Exploration and Exploitation in Organizational Learning", *Organization Science*, 1991, 2: 71 – 87.

Marin, R., & Alvarez, I., "Technological Effects of M & As in Spanish Manufacturing", *Industrial and Corporate Change*, 2009, 18 (4): 761 – 784.

Massimo, G. C., & Larissa, R., Technological Relatedness, Post – Acquisition Reorganization and Innovation Performance: Looking Inside the Black Box, the Summer Conference 2010 on "Opening Up Innovation: Strategy, Organization and Technology", Imperial College London Business School, June 16 – 18, 2010: 1 – 45.

Meyer, C. B., & Altenborg, E., "Incompatible Strategies in International Mergers: The Failed Merger between Teliaand Telenor", *Journal of International Business Studies*, 2008, 39 (3): 508 – 525.

Milgrom, P., & Roberts, J., "Complementarities and Fit: Strategy, Structure, and Organizational Change in Manufacturing", *Accounting Economy*, 1995, 19: 179 – 208.

Miller, D., "An Asymmetry – Based View of Advantage: Towards an Attainable Sustainability", *Strategic Management*, 2003, 24: 961 – 976.

Mirvis, P. H., & Marks, M. L., "Making Acquisitions and Acquisitions Work: Strategic and Psychological Preparation", *Academy of Manage-*

ment Executive, 2001, 15 (2): 80 – 92.

Monteverde, K. , & Teece, D. J. , "Appropriable Rents and Quasi – Vertical Integration", *Journal of Law & Economics*, 1982, 25 (2): 321 – 328.

Mowery, D. C. , Oxley, J. E. , & Silverman, B. S. , "Technological Overlap and Interfirm Cooperation: Implications for the Resource View of the Firm", *Research Policy*, 1998, 27: 507 – 523.

Mowery, D. C. , Oxley, J. E. , et al. , "Strategic Alliances and Interfirm Knowledge Transfer", *Strategic Management Journal*, 1996, 17: 77 – 91.

Muehlfeld, K. , Sahib, R. , & Van Witteloostuijn, A. , "A Contextual Theory of Organizational Learning from Failures and Successes: A Study of Acquisition Completion in the Global Newspaper Industry, 1981 – 2008", *Strategic Management Journal*, 2012, 33 (8): 938 – 964.

Nahavandi, A. , & Malekzadeh, A. , "Acculturation in Acquisitions and Acquisitions", *Academy of Management Review*, 1988, 13: 79 – 90.

Nguyen, H. , & Kleiner, B. H. , "The Effective Management of Mergers", *Leadership and Organization Development Journal*, 2003, 24 (8): 447 – 454.

Nicholson, R. R. , & Salaber, J. , "The Impact of the Financial Crisis on the Performance of European Acquisitions", in Temouri, Y. , Jones, C. , eds. , *International Business and Institutions after the Financial Crisis*, Palgrave Macmillan, London: The Academy of International Business, 2014.

Nonaka, I. , Takeuchi, H. , & Umemoto, K. , "A Theory of Organizational Knowledge Creation", *International Journal of Technology Management*, 1996, 11 (8): 833 – 846.

Nooteboom, B. , Vanhaverbeke, W. , Duysters, G. , Gilsing, V. , & Van Den Oord, A. , "Optimal Cognitive Distance and Absorptive Capacity", *Research Policy*, 2007, 36 (7): 1016 – 1034.

Olie, R. , "Shades of Culture and Institutions – in International Merg-ers", *Organization Studies*, 1994, 15 (3): 381 –405.

Olivier, B. , & Pluvia, Z. , "R & D and M & A: Are Cross – Border M & A Different? An Investigation on OECD Countries", *International Journal of Industrial Organization*, 2006, 24: 401 –423.

Olivier, B. , "Effects of Foreign Acquisitions on R & D Activity: Evi-dence from Firm – Level Data for France", *Research Policy*, 2009, 38 (6): 1021 –1031.

Ornaghi, C. , "Mergers and Innovation in Big Pharma", *International Journal of Industrial Organization*, 2009, 27 (1): 70 –79.

Orsi, L. , Ganzaroli, A. , Noni, I. D. , & Marelli, F. , "Knowl-edge Utilisation Drivers in Technological M & As", *Technology Analysis & Strategic Management*, 2015, 27 (8): 877 –894.

Owen – Smith, J. , & Powell, W. W. , "Knowledge Networks as Channels and Conduits: The Effects of Spillovers in the Boston Biotechnolo-gy Community", *Organization Science*, 2004, 15 (1): 5 –21.

Pablo, A. L. , "Determinants of Acquisition Integration Level: A De-cision – Making Perspective", *Academy of Management Journal*, 1994, 37 (4): 803 –836.

Panzar, J. C. , & Willig, R. D. , "Economies of Scale in Multi – Output Production", *The Quarterly Journal of Economics*, 1977, 91 (3): 481 –493.

Paruchuri, S. , Nerkar, A. , & Hambrick, D. C. , "Acquisition Inte-gration and Productivity Losses in the Technical Core: Disruption of Inventors in Acquired Companies", *Organization Science*, 2006, 17 (5): 545 –562.

Paulson, E. , Huber, C. , Booksx, I. , *The Technology M & A Guidebook*, Hoboken: John Wiley & Sons Ltd. , 2001.

Penrose, E. , *The Theory of the Growth of the Firm*, Oxford: Basil Blackwell, 1959.

Porter, M. E. , *Competitive Advantage: Creating and Sustaining Superior Performance*, New York: Free Press, 1985.

Postrel, S. , "Islands of Shared Knowledge: Specialization and Mutual Understanding in Problem Solving Teams", *Organization Science*, 2002, 13 (3): 303 – 320.

Prahalad, C. , & Hamel, G. , "Core Competence of the Corporation", *Harvard Business Review*, 1990: 79 – 91.

Puranam, P. , Srikanth, K. , "What They Know vs. What They Do: How Acquirers Leverage Technology Acquisitions", *Strategic Management Journal*, 2007, 28 (8): 805 – 825.

Puranam, P. , Singh, H. , & Chaudhuri, S. , "Integrating Acquired Capabilities: When Structural Integration Is (Un) Necessary", *Organization Science*, 2009, 20: 313 – 328.

Puranam, P. , Singh, H. , & Zollo, M. , "Organizing for Innovation: Managing the Coordination – Autonomy Dilemma in Technology Acquisitions", *Academic Management*, 2006, 49: 263 – 280.

Ranft, A. L. , & Lord, M. D. , "Acquiring New Technologies and Capabilities: A Grounded Model of Acquisition Implementation", *Organization Science*, 2002, 13: 420 – 441.

Ravenscraft, D. J. , & Long, W. F. , *Mergers and Productivity*, Chicago: University of Chicago Press, 2000.

Ravenscraft, D. J. , & Scherer, F. M. , *Mergers, Sell – Offs and Economic Efficiency*, Washington, DC: The Brooking Institution, 1987.

Roller, L. H. , Stennek, J. , & Verboven, F. , "Efficiency Gains from Mergers", *European Economy*, 2001: 5.

Rosenberg, N. , *Inside the Black Box*: *Technology and Economics*, Cambridge University Press, 1982.

Rosenkopf, L. , & Nerkar, A. , "Beyond Local Search: Boundary – Spanning, Exploration, and Impact in the Optical Disk Industry", *Strategic Management Journal*, 2001, 22 (4): 287 – 306.

Rossi, M. , Tarba, S. Y. , & Raviv, A. , "Mergers and Acquisitions in the High – Tech Industry: A Literature Review", *International Journal of Organizational Analysis*, 2013, 21 (1): 66 – 82.

Rothaermel, F. T. , & Hess, A. M. , "Building Dynamic Capabilities: Innovation Driven by Individual – , Firm – , and Network – Level Effects", *Organization Science*, 2007, 18 (6): 898 – 921.

Rumelt, R. P. , *Strategy*, *Structure*, *and Economic Performance* (*Master's Thesis*) , Cambridge, MA: Harvard University, 1974.

Sachwald, F. , "Competitiveness and Competition: Which Theory of the Firm?", in Sachwald, F. , ed. , *European Integration and Competitiveness*: *Acquisitions and Alliances in Industry*, Brookfield, United Kingdom: Edward Elgar Publishing, 1994.

Sarkar, M. , Echambadi, R. , Cavusgil, S. T. , & Aulakh, P. S. , "The Influence of Complementarity, Compatibility, and Relationship Capital on Alliance Performance", *Journal of the Academy of Marketing Science*, 2001, 29 (4): 358 – 373.

Scherer, F. M. , "Using Linked Patent and R & D Data to Measure Interindustry Technology Flows", in Griliches, Z. , ed. , *R & D*, *Patents and Productivity*, Chicago: The University of Chicago Press, 1984: 417 – 464.

Schewe, G. , Lohre, S. , & Ortwein, G. , "Post Merger Integration – Welchen Erklärungsbeitrag Liefern Unterschiedliche Denkschulen", *Zeitschrift Führungund Organisation*, 2007, 76 (5): 252 – 259.

Schijven, M. , & Barkema, H. G. , A Stepwise Approach to Acquisi-tion Capability Development: The Joint Importance of Experience Homoge-neity and Heterogeneity, Working Paper, Tilburg University, 2007.

Schildt, H. , Keil, T. , & Maula, M. , "The Temporal Effects of Relative and Firm - Level Absorptive Capacity on Inter - Organizational Learning", *Strategic Management Journal*, 2012, 33: 1154 - 1173.

Schilling, M. A. , Vidal, P. , Ployhart, R. E. , & Marangoni, A. , "Learning by Doing Something Else: Variation, Relatedness, and the Learn-ing Curve", *Management Science*, 2003, 49 (1): 39 - 56.

Schweizer, L. , "Organizational Integration of Acquired Biotechnology Companies into Pharmaceutical Companies: The Need for a Hybrid Ap-proach", *The Academy of Management Journal*, 2005, 48 (6): 1051 - 1074.

Sears, J. , & Hoetker, G. , "Technological Overlap, Technological Capabilities, and Resource Recombination in Technological Acquisitions", *Strategic Management Journal*, 2014, 35 (1): 48 - 67.

Seth, A. , "Value Creation in Acquisitions: A Reexamination of Per-formance Issues", *Strategic Management Journal*, 1990, 11: 113.

Shrivastava, P. , "Post - Merger Integration", *Journal of Business Strate-gy*, 1986, 7 (1): 65 - 76.

Siehl, C. , & Smith, D. , "Avoiding the Loss of a Gain: Retaining Managing Executives in an Acquisition", *Human Capabilities Management*, 1990, 29 (2): 167 - 185.

Sigglekow, N. , "Misperceiving Interactions among Complements and Substitutes: Organizational Consequences", *Management Science*, 2002, 48: 900 - 916.

Singh, H. , & Montgomery, C. A. , "Corporate Acquisition Strate-gies and Economic Performance", *Strategic Management Journal*, 1987, 8

(4): 377 -386.

Stahl, G. K., & Voigt, A., "Do Cultural Differences Matter in Mergers and Acquisitions? A Tentative Model and Examination", *Organization Science*, 2008, 19 (1): 160 -176.

Suzuki, J., & Kodama, F., "Technological Diversity of Persistent Innovators in Japan: Two Case Studies of Large Japanese Firms", *Research Policy*, 2004, 33 (3): 531 -549.

Szulanski, G., "The Process of Knowledge Transfer: A Diachronic Analysis of Stickiness", *Organic Behavior and Human Decision Processes*, 2000, 82: 9 -27.

Tanriverdi, H., & Venkatraman, N., "Knowledge Relatedness and the Performance of Multibusiness Firms", *Strategic Management*, 2005, 26: 97 -119.

Teece, D. J., "Economies of Scope and the Scope of the Enterprise", *Journal of Economic Behavior and Organization*, 1980, 1: 223 -247.

Teece, D. J., "Profiting from Technological Innovation: Implications for Integration, Collaboration, Licensing and Public Policy", *Research Policy*, 1986, 15: 285 -305.

Teece, D. J., "Technology Transfer by Multinational Firms: The Resource Cost of Transferring Technological Know -How", *Economy*, 1977, 87: 242 -261.

Teerikangas, S., & Very, P., "The Culture -Performance Relationship in M & A: From Yes/No to How", *British Journal of Management*, 2006, 17: 31 -48.

Thompson, J. D., *Organizations in Action*, New York: McGraw -Hill, 1967.

Todorova, G., & Durisin, B., "Absorptive Capacity: Valuing a Reconceptualization", *Academy of Management Review*, 2007, 32 (3): 774 – 786.

Tu, C. , Hwang, S. N. , & Wong, J. Y. , "How Does Cooperation Affect Innovation in Micro – Enterprises?", *Management Decision*, 2014, 52 (8): 1390 – 1409.

Uhlenbruck, K. , Hitt, M. A. , & Semadeni, M. , "Market Value Effects of Acquisitions Involving Internet Firms: A Resource – Based Analysis", *Strategic Management Journal*, 2006, 27: 899 – 913.

UNCTAD, World Investment Report 2000: Cross – Border Mergers and Acquisitions and Development, UNCTAD: Geneva, Switzerland, 2000.

Vermeulen, F. , & Barkema, H. , "Learning Through Acquisitions", *The Academy of Management Journal*, 2001, 44 (3): 457 – 476.

Very, P. , Lubatkin, M. , Calori, R. , & Veiga, J. , "Relative Standing and the Performance of Recently Acquired European Firms", *Strategic Management Journal*, 1997, 18: 593 – 614.

Veugelers, R. , "Literature Review on M & A and R & D", in Cassiman, B. , Colombo, M. G. , eds. , *Merger and acquisitions – The innovation impact*, UK: Edward Elgar, 2006: 79 – 118.

Villalonga, B. , & McGahan, A. M. , "The Choice among Acquisitions, Alliances, and Divestitures", *Strategic Management Journal*, 2005, 26 (13): 1183 – 1208.

Walsh, J. P. , "Doing a Deal: Merger and Acquisition Negotiations and Their Impact upon Target Company Top Management Turnover", *Strategic Management Journal*, 1989, 10 (4): 307 – 322.

Walsh, J. P. , "Top Management Turnover Following Mergers and Acquisitions", *Strategic Management Journal*, 1988, 9 (2): 173 – 183.

Wang, L. , & Zajac, E. J. , "Alliance or Acquisition? A Dyadic Perspective on Interfirm Resource Combinations", *Strategic Management Journal*, 2007, 28 (13): 1291 – 1317.

Weisbach, M. S. , "Outside Directors and CEO Turnover", *Journal of Financial Economics*, 1988, 20 (2): 431 – 460.

Wen, C. Y. , & Liu, Z. X. , "The Impact of Technological M & A on Innovative Performance of High – Tech Listed Companies", *Science Research Management*, 2011, 5: 1 – 7.

Winter, S. G. , "Knowledge and Competence as Strategic Assets", in Teece, D. J. , ed. , *The Competitive Challenge – Strategies for Industrial Innovation and Renewal*, Cambridge, MA: Ballinger, 1987.

Xie, X. M. , Zeng, S. X. , & Tam, C. M. , "How Does Cooperative Innovation Affect Innovation Performance? Evidence from Chinese Firms", *Technology Analysis & Strategic Management*, 2013, 25 (8): 939 – 956.

Yeşil, S. , "Exploring the Links among Organizational Commitment, Knowledge Sharing and Innovation Capability in a Public Organization", *European Journal of International Management*, 2014, 8 (5): 506 – 527.

Zaheer, A. , Castener, X. , & Souter, D. , "Complementarity in Acquisitions", *Revised and Resubmitted to Organization Science*, 2008.

Zaheer, A. , Castener, X. , & Souter, D. , "Synergy Sources, Target Autonomy, and Integration in Acquisitions", *Journal of Management*, 2013, 39 (3): 604 – 632.

Zahra, S. A. , & George, G. , "Absorptive Capacity: A Review, Reconceptualization, and Extension", *Academy of Management Review*, 2002, 27 (2): 185 – 203.

Zhao, X. , "Technological Innovation and Acquisitions", *Management Science*, 2009, 55: 1170 – 1183.

Zollo, M. , & Meier, D. , "What Is M & A Performance? Academy of

Management Perspectives", *Archive*, 2008, 22 (3): 55 – 77.

  Zollo, M. , & Singh, H. , "Deliberate Learning in Corporate Acquisitions: Post – Acquisition Strategies and Integration Capability in U. S. Bank Mergers", *Strategic Management Journal*, 2004, 25: 1233 – 1256.

附　录

第六章　动态仿真程序代码

```
globals \[
  V
  step
seff
speff
  a
  M
  ]

turtles - own \[eff k1]

patches - own \[peff gain k2]

to setup
  ca
  set V 0
  set a 0
  set M 0
  setup - patches
  setup - turtles
  set step 1
```

```
        setspeff 0
        setseff 0
        set k1 0
        set k2 0
        do-plots
    end

to setup-patches
    ask  n-of 100 patches \[set pcolor green]
    ask  patches \[set peff 0]

end

to setup-turtles
    ask n-of 100 patches
    \[sprout 1 \[set eff 0
            set color yellow]]
    end

to go
      move-turtles
    set a random-float 1
    set M 1 + random-float 4
    set k1 10 + random-float 40
    set k2 10 + random-float 90
    setspeff 0
    setseff 0
    integration
    do-plots
      set step step + 1
    if step >=100 \[stop]

end
```

```
tomove - turtles
    ask turtles \[ rt random 360
              fd 1]
  end

to integration
    ask turtles \[ set gain 0
    ifpcolor = green \[ set pcolor black
              if M < = 3 and a > = 0.5 and k1 < k2 \[ set gain(1 + 0.8 *(1
- a^2) + 0.2 *(a⌃(1/2)) - (1 - 0.8 + 0.2) * M/2) * M *(K1⌃(2/3)) *(K2⌃(1/
3))

    setpeff  (1 + 0.8 *(1 - a^2) + 0.2 *(a⌃(1/2)) - (1 - 0.8 + 0.2) * M/2) * M
*(K1⌃(2/3)) *(K2⌃(1/3))

                        setpcolor green
                     ]
                        ]
    set V sum \[peff] of patches

  ]

end

to do - plots
    set - current - plot "all"
    set - current - plot - pen "peff"
    plot V

end
```

图书在版编目（CIP）数据

境外并购的技术联系性与技术整合／严焰著. -- 北京：社会科学文献出版社，2021.6
（浙江外国语学院博达丛书）
ISBN 978 - 7 - 5201 - 8471 - 7

Ⅰ.①境…　Ⅱ.①严…　Ⅲ.①企业兼并 - 跨国兼并 - 技术管理 - 中国　Ⅳ.①F279.214

中国版本图书馆 CIP 数据核字（2021）第 100166 号

·浙江外国语学院博达丛书·
境外并购的技术联系性与技术整合

著　　者／严　焰

出 版 人／王利民
组稿编辑／张晓莉
责任编辑／韩莹莹
文稿编辑／孙以年　王红平

出　　版／社会科学文献出版社·人文分社（010）59367215
　　　　　地址：北京市北三环中路甲 29 号院华龙大厦　邮编：100029
　　　　　网址：www. ssap. com. cn
发　　行／市场营销中心（010）59367081　59367083
印　　装／三河市尚艺印装有限公司

规　　格／开　本：787mm × 1092mm　1/16
　　　　　印　张：13.5　字　数：185 千字
版　　次／2021 年 6 月第 1 版　2021 年 6 月第 1 次印刷
书　　号／ISBN 978 - 7 - 5201 - 8471 - 7
定　　价／98.00 元